영유아 놀이지도

김수희 박현정 공저

PLAY IN EARLY CHILDHOOD EDUCATION

YANGSEOWON
양서원

머/리/말

"영유아 놀이의 교육적 가치와 실천적 적용을 위한 길라잡이"

21세기 영유아 교육에서 놀이의 중요성은 그 어느 때보다 강조되고 있다. 『영유아 놀이』는 이러한 시대적 요구에 부응하며, 놀이를 단순한 오락이 아닌 인간 발달의 핵심적 과정으로 접근한다. 본서는 반세기에 걸친 놀이 연구의 진화를 체계적으로 정리하면서도, 디지털 시대의 새로운 놀이 환경을 직시하는 현장 중심의 접근을 시도했다.

게다가 놀이에 몰두하는 영유아의 모습을 보면, 그들이 얼마나 호기심으로 가득 차 있고 즐거움과 생동감으로 넘쳐나는지 절로 느껴진다. 건강한 영유아는 누가 시키지 않아도 하루 종일 쉬지 않고 다양한 놀이를 즐기는데, 이는 그들이 본능적으로 놀이에 대한 에너지를 지니고 있기 때문이다. 놀이 자체가 영유아에게 기쁨의 원천이 되는 셈이다.

최근 여러 연구에서는 영유아의 놀이가 전인적 발달과 밀접하게 연결되어 있음을 밝혀내고 있다. 놀이는 신체적, 인지적, 정서적 측면에 고루 자극을 주며, 아이들의 성장에 적극적으로 기여한다. 결국, 영유아는 놀이를 통해 배우고, 놀이를 통해 자라나는 존재인 것이다.

따라서 영유아를 돌보고 지도하는 교사들은 놀이의 중요성을 깊이 이해하고, 영유아의 놀이를 어떻게 바라볼 것인지 또 어떤 놀이를 지원할지, 또 어떻게 하면 영유아들이 보다 즐겁고 의미 있게 놀이에 참여할 수 있을지를 고민하며 적극적으로 실천해야 한다.

본서는 미래 영유아교육기관의 교사가 될 학생들이 놀이에 관한 기초 이론과 지식을 바탕으로 다양한 놀이 유형을 이해하고, 실제 교육현장에서 효과적인 놀이지도를 수행할 수 있도록 돕기 위해 집필하였다. 이 책은 실질적이고도 다양한 정보를 제공하는 데 중점을 두어, 예비 교사들에게 현장 중심의 통찰과 도움을 주고자 한다.

본서는 총 12챕터로 구성되었다. Chapter 01. 놀이의 정의 및 중요성, Chapter 02. 전통적 놀이이론과 현대적 놀이이론, Chapter 03. 놀이와 발달, Chapter 04. 영유아놀이의 유형, Chapter 05. 놀이와 교육과정, Chapter 06. 영유아를 위한 놀잇감, Chapter 07. 놀이를 위한 실내 · 외 환경, Chapter 08. 놀이에 영향을 미치는 요인, Chapter 09. 놀이와 교사, Chapter 10. 놀이치료 및 치료놀이, Chapter 11. 놀이관찰 및 평가, Chapter 12. 놀이활동의 실제에 대해 서술하였다.

본서에 소개된 다양한 놀이 및 활동들은 오랜 시간 동안 수많은 현장 교사들에 의해 실제로 활용되고 검증된 사례들이며, 따라서 유아교육 현장에서 곧바로 적용이 가능하다는 실용적 강점을 지니고 있다. 이 활동들이 교육현장에서 보다 활발하게 활용되기를 기대하며, 아울러 교사들이 이를 적용할 때에는 영유아의 흥미와 관심, 개별적인 발달 수준, 학급 및 시설 환경 등 다양한 요소를 충분히 고려하여 융통성 있게 지도하는 것이 중요하다는 점을 강조하고자 한다. 놀이는 단순한 따라 하기식 전달이 아닌, 교사의 민감한 관찰과 유연한 접근 속에서 더욱 풍성한 교육적 가치를 발휘할 수 있기 때문이다.

끝으로 우리의 꿈이 이루어지도록 언제나 지혜를 주시는 좋으신 하나님께 감사드린다. 또한 본서의 출판을 위해 자료 수집과 사진 제공에 실질적으로 도움을 주신 유치원 및 어린이집 선생님들과 영유아들에게도 깊이 감사드린다. 출판을 앞두고 부족함과 아쉬움이 남지만, 앞으로 독자 여러분의 조언과 지적을 바탕으로 더욱 발전된 교재로 보완해 나갈 것을 다짐한다. 아울러 출판을 허락해 주신 양서원의 박철용 회장님, 박세원 대표님, 그리고 편집에 애써주신 양서원 편집진 여러분께도 진심으로 감사의 마음을 전한다.

2025년 9월

저자 일동

차/례

Chapter 07 놀이를 위한 실내·외 환경

Chapter 08 놀이에 영향을 미치는 요인

Chapter 09 놀이와 교사

Chapter 10 놀이치료 및 치료놀이

CHAPTER 01

놀이의 정의 및 중요성

놀이의 정의 및 중요성

놀이란 아이들에게 가장 중요한 일상이다. 놀이 속에서 아이들은 즐거워하고 또 속상해 하기도 한다. 이 장에서는 아이들에게 무엇보다 중요한 놀이에 대해서 살펴보고 놀이의 정의와 중요성에 대해 알아보기로 하자.

1 놀이의 정의

놀이는 일정한 시간과 장소의 한계 속에서 자발적이며 그 자체에 목적이 있다. 또한 영유아의 놀이는 긴장과 환희에 충만되어 일상생활과는 다른 아이들만의 의식이라 할 수 있다. 놀이를 여섯 가지 활동으로 정의하면 다음과 같다.

첫째, 놀이는 자유로운 활동(free)이다. 노는 사람에게 강제로 하게 하면 놀이는 매력적이며 즐겁고 기분이 좋다는 특성이 없어진다.

둘째, 분리된 활동(seperate)이다. 주어진 그들만의 시간 및 공간 범위 내에 한정되어 있다.

셋째, 정해지지 않은 활동(uncertain)이다. 놀이하는 사람이 자유롭게 창의적으로 할 수 있으며, 미리 과정이 결정되어 있지 않아 그 과정을 알지 못하며, 또한 결과도 미리 주어지는 것이 아니다.

넷째, 비생산적인 활동(unproductive)이다. 재물도 부도 또 어떤 종류의 새로운 요소도 만들어 내지 않는다.

다섯째, 규칙이 있는 활동(governed by rules)이다. 통상적인 규칙은 정지되고 그 대신에 거기에서만 통용되는 새로운 규칙에 대한 약속을 일시적으로 따른다.

여섯째, 허구적인 활동(make-believe)이다. 현실 생활과 대립되는 제2의 현실 또는 완전히 비현실적이라는 특유의 의식을 동반한다.

| 사진 1-1 | 유아들이 새롭게 만든 놀이의 규칙

그러므로 놀이란 첫째, 새로운 것에 호기심을 가질 수 있게 한다. 둘째, 자신감을 가지게 한다. 셋째, 놀이는 즐거움을 준다. 넷째, 놀이는 내적 동기화를 돕는다.

다음은 임상적인 면에서 놀이의 특성을 기술하였다.

첫째, 자발적이며 심리적으로 자유로운 활동이다. 유아의 놀이는 내재적인 동기에 의해 시작되고 지속되며, 별도의 외부 보상이나 목적이 필요하지 않다. 이 자발성과 자유로움은 아동의 심리적 안정과 창의성 발달에 긍정적인 영향을 미치며, 치료적 상황에서는 감정 표현과 스트레스 해소의 수단이 된다.

둘째, 생활 적응과 의사소통의 주요 도구이다. 놀이는 영유아가 환경에 적응하고 사회 규범을 학습하는 기본적인 경로이다. 특히 언어나 추상적 사고 능력이 부족한 영유아에게 놀이는 비언어적 의사소통 수단으로 작용하며, 감정 표현, 문제 해결, 또래 관계 형성 등에 핵심적인 역할을 한다.

셋째, 비현실적 상황 속에서의 '준현실' 체험을 통한 가능성을 찾을 수 있다. 성인 눈에는 비현실적인 놀이라도, 영유아에게는 실제와 가까운 '준현실' 경험으로 인식된다. 이러한 준현실적 놀이는 아이가 현실 세계를 안전하게 탐색하고 다양한 역할과 상황을 시뮬레이션함으로써 인지 · 정서 · 사회성 발달을 촉진한다. 임상적 관점에서는 상상력을 활용한 치료(놀이치료)의 근거가 되기도 한다.

2 놀이의 중요성

1) 놀이와 일의 비교

놀이에 대한 개념은 일(work), 그리고 탐색(exploration)으로 비교하여 설명하기도 한다. 놀이는 재미있고 어떤 목표도 없으며 능동적이고, 자발적으로 이루어지는 활동으로 스스로 시작하며 진지하다고 하였다. 그와 반대로 일은 수동적이며 강요적이고, 단조롭고 고되며, 외부로부터 부가된 목표를 달성하기 위해 이루어지는 활동으로 타인에 의해 착수되며 무사안일한 특성이 있다는 것이다. 그러나 이러한 서로 상반된 특성을 지닌 놀이와 일은 이분화되는 것이 아니라 연속선상에 있다. 따라서 놀이와 일을 명확하게 구별하기란 어려우며 어떤 활동을 놀이 또는 일이라고 하기보다는 놀이에 가까운 활동 또는 일에 가까운 활동으로 설명할 수 있다.

| 표 1-1 | 놀이와 일의 비교

구분	놀이	일
활동의 특성	• 자유롭게 놀잇감 탐색 • 조작적이거나 다른 놀잇감이 포함 • 조용함을 요구하지 않음 • 과정 중심적 • 끝내기를 요구하지 않음	• 교사가 지시하고 교사가 계획한 활동 • 연필과 종이를 필요로 하는 활동 • 때때로 조용함을 요구함 • 결과 중심적 • 끝내기를 요구함
아동의 참여	• 아동의 의도가 중요 • 신체적 활동이 많음 • 아동에게 주의집중이나 인지적 활동을 요구하지 않음 • 또래와 자유롭게 상호작용함 • 언제나 즐거움	• 아동에게 주의집중과 인지적인 활동을 요구함 • 언제나 비활동적임 • 때때로 또래와 상호작용함 • 때때로 즐거움
교사의 참여	• 교사의 기대가 거의 없음 • 교사가 거의 평가하지 않음	• 교사의 기대와 의도가 많음 • 교사가 결과를 평가함

2) 놀이와 탐색의 비교

다음은 놀이와 탐색을 비교하였다.

Fenson과 Schell은 놀이와 탐색활동에 대해 첫째, 놀이는 영유아가 주도하는 행동이지만 탐색은 자극이 주도하는 것이다. 둘째, 놀이는 대상에 대한 자극의 발생으로 이루어지지만 탐색은 자극을 주는 대상에 대한 정보의 획득을 위한 시도이다. 셋째, 놀이는 즐겁고 다양하며 새로운 행동이지만 탐색은 진지하고 조심스러운 정형화된 행동이라고 하였다.

| 표 1-2 | **놀이와 탐색의 차이점**

구분	놀이	탐색
발생시간	탐색 다음에	놀이 전에
상황	친숙한 사물	새로운 사물
목적	자극의 창출	사물에 대한 정보 수집
행동	다양한 행동	정형화된 행동
분위기	즐거움	심각함
심장박동	높음	낮음

3 놀이와 교육

1) 놀이의 교육적 가치

Seefeldt(1974)는 놀이의 가치를 다섯 가지로 설명했다.

① 인지적 발달을 돕는다.

② 언어발달을 촉진한다.

③ 실험과 탐구를 한다.

④ 상징성을 풍부하게 한다.

⑤ 놀이는 창조적이다.

Frank, Theresa, & Caplan은 놀이의 가치를 다음과 같이 제시하였다.

① 성장을 돕는다.

② 활동에 자유를 준다.

③ 유아가 극복해야 할 상상의 세계를 제공한다.

④ 탐구적 요소를 지닌다.

⑤ 언어학습의 기초를 제공한다.

⑥ 대인관계를 구축하는 독특한 힘을 지닌다.

⑦ 유아에게 신체적 완성감의 기회를 제공한다.

⑧ 호기심과 주의집중력을 조장한다.

⑨ 유아로 하여금 물질의 세계를 탐구하게 한다.

⑩ 성인의 역할을 학습하게 한다.

⑪ 역동적 학습의 방법이 되게 한다.

⑫ 유아의 판단력을 길러 준다.

⑬ 지식의 구성을 가능하게 한다.

⑭ 생활을 윤택하게 한다.

| 사진 1-2 | 즐겁게 놀이하는 영유아들

여러 학자들의 이야기를 종합해 볼 때 놀이의 가치는 첫째, 놀이는 아동의 정신위생에 도움이 된다. 둘째, 놀이는 정서발달을 촉진한다. 셋째, 놀이는 지적 발달을 촉진한다. 넷째, 놀이는 사회성 발달을 도와준다. 다섯째, 놀이는 인격 형성에 영향을 미친다. 여섯째, 놀이는 신체 · 운동발달을 촉진시킨다.

2) 놀이가 교육 과정에 주는 장점

- **긍정적 정서** : 놀이의 가장 대표적인 특징은 재미있고 즐겁다는 것이다. 놀이와 교육적 활동이 통합되면서 나타나는 즐거운 감정은 학습에 대한 긍정적인 태도를 증진시킨다. 다시 말해, 학문적 기술과 내용이 놀이와 통합될 때 놀이에서 수반되는 즐거운 감정이 교육과 연결된다.
- **동기부여** : 놀이는 교육적 활동에 참여하는 동기도 제공해 준다. 유아의 놀이를 강화하거나 보상할 필요가 없는 것처럼 놀이의 자연스러운 동기화의 특성은 '읽기'나 '쓰기'와 같은 교육적 활동이 매우 흥미 있고 내적으로 동기화할 수 있게 도와준다.
- **가작화를 통한 현실 적용** : 놀이의 가작화 요소는 학문적 활동이 유아에게 의미 있고 중요한 활동이 되게 한다. 놀이의 가작화 상황에서 나타난 유아의 인식은 현실에서도 적용

하여 사용할 수 있도록 도와준다.

- 과정지향적 : 유아의 놀이 초점은 목적이나 결과보다는 활동 그 자체에 있다. 이러한 놀이의 특징은 유아에게 새롭고 어려운 도전에 대한 시도 및 노력을 격려하며 위험 부담이 적은 환경을 제공한다. 그래서 놀이는 새로운 학습에 도전하는 자극을 제공한다.
- 다양한 학습 기회 제공 : 놀이 중심 학습은 유아에게 다양한 기술과 개념을 학습할 수 있는 기회를 제공한다. 덧붙여 놀이는 유아들이 이러한 기술을 배울 수 있는 다차원적 방법을 제공해 준다.

생각해 봅시다

놀이란 무엇일까요?

- 놀이하면 생각나는 것들을 그리거나 기록해 볼까요?(10가지 이상)

- 내가 생각할 때
  놀이는 ________________________ 이다.

놀이체크리스트

나의 놀이신념체크리스트

	문항	전혀 그렇지 않다	그렇지 이다	보통 이다	그렇다	매우 그렇다
1	놀이는 영유아가 협력하기, 친구 사귀기와 같은 사회적 기술들이 향상되는 데 도움이 된다.					
2	놀이는 영유아의 언어와 의사소통 능력을 향상시킨다.					
3	놀이를 통해서 영유아에게 사회적 기술을 가르칠 수 있다.					
4	놀이하는 동안 나는 영유아가 감정을 조절하는 것을 배울 수 있게 도와준다.					
5	유아교육기관에서의 놀이는 영유아가 어린이집 생활에 적응하는 데 도움이 될 것이다.					
6	내가 영유아와 놀아 준다면 아이는 놀이로부터 더 많은 것을 배울 것이다.					
7	놀이는 영유아의 사고 능력을 발달시키는 데 도움이 된다.					
8	내가 영유아와 노는 데 시간을 할애하면, 영유아가 다른 친구들과 더 잘 어울려 놀 수 있을 것이다.					
9	놀이는 영유아가 감정을 어떻게 표현하는지 배울 수 있게 도와준다.					
10	놀이는 영유아에게 무척 재미있는 활동이다.					
11	함께 하는 놀이는 나에게 영유아와 좋은 관계를 형성할 수 있도록 도와준다.					
12	놀이를 통해서 영유아는 새로운 기술과 능력들을 발달시킨다.					
13	유아교육기관에서의 놀이는 영유아의 이후 기관 적응에 도움이 될 것이다.					

출처: 권혜진(2013). 교사의 놀이성과 놀이신념, 놀이교수효능감이 문제행동 지도전략에 미치는 영향. 한국보육지원학회지, 9(1), 175-200.

나의 놀이성 체크리스트

● 다음을 보고 가장 가까운 곳에 ✓ 표 해 주세요.

		매우 그렇다	그렇다	다소 그렇다	보통이다	다소 그렇다	그렇다	매우 그렇다	문항
1	모험적								목적적
2	활기찬								소극적
3	쾌활한								차분한
4	명랑한								재미없는
5	태평한								꼼꼼한
6	천진한								성숙한
7	흥분하기 쉬운								침착한
8	표현적								자기 통제적
9	활발한								자제하는
10	실속없는								생산적
11	밝은								어두운
12	재미있는								진지한
13	적극적								소극적
14	즉흥적								한결같은
15	개방적								제한적
16	익살스런								상식적인
17	창의적								사실적
18	자발적								자제하는
19	기발한								실제적
20	정서적인								지적인
21	상상하기 좋아하는								상상력이 부족한
22	예측할 수 있는								예측하기 어려운
23	재미있는								지루한
24	진지한								놀기 좋아하는
25	흥미있는								단조로운

출처: 박현숙(2003). 유아기 자녀를 둔 어머니의 놀이성과 부모 효능감 및 양육스트레스에 관한 연구. 숙명여자대학교 대학원. 석사학위논문.

*Glynn, M. A. & Webster, J.(1992). The adult playfulness scale An initial assessment. Psychological report, 71, 83–103. (박현숙 번안한 성인용 놀이성척도)

CHAPTER 02

전통적 놀이이론과 현대적 놀이이론

전통적 놀이이론과 현대적 놀이이론

전통적 이론들은 놀이 연구가 계속될 수 있도록 기여했다는 점에 역사적 의미가 있다. 현대이론들은 놀이의 심리적 가치 즉 유아의 지적, 사회적, 정서적 발달에 교육적 의미를 강조했다는 점에 있어서 중요한 이론들이라고 할 수 있다.

본 장에서는 전통적 이론과 현대적 이론에 대해 살펴보도록 하겠다.

1 전통적 놀이이론(19~20세기 초)

전통적 놀이이론은 인간의 본능과 관련해 잉여 에너지 이론(surplus energy), 연습이론(practice theory), 반복이론(recapitulation theory), 휴식이론(relaxtion theory)으로 설명한다. 내용을 설명하면 다음과 같다.

1) 잉여 에너지 이론

Schiller와 Spencer는 잉여 에너지 이론을 주장하였는데, 잉여 에너지란 사람들은 먹고 움직이는 등 살아가면서 에너지를 축적하기도 하고 발산하기도 하는데 이때 기본적인 생존에 다 쓰이지 않고 남는 에너지가 있어 그것을 발산하기 위해서 놀이를 하게 된다는 것이다.

따라서 놀이는 목적 없는 행동으로 간주되며, 인간과 동물이 이러한 잉여 에너지를 소모시키는 한 방법이다. 오랜시간 교실에 앉아서 학습한 후 운동장으로 뛰어나가는 유아를 본 사람이라면 누구나 잉여 에너지 이론의 진실적 요소를 발견할 수 있다. 또한 유아가 왜 성인보다 놀이를 더 많이 하는지 그리고 진화과정에서 고등동물이 왜 하등동물보다 놀이를 더 많이 하는지를 자세하게 설명해 준다(Johnson, Christie & Yawkey, 2001).

2) 연습이론

Gross는 연습이론을 주장하였는데, 연습이론이란 성인이 되어서 역할을 잘 수행하기 위해 미리 그 역할을 연습하는 것이 놀이라고 하였다.

연습이론에 따르면 놀이는 유아가 핵심적 기술을 연습하고 완벽하게 만드는 안전한 수단을 제공한다. 놀이의 목적은 성인 생활에 요구되는 기술을 연습하고 정교화 시키는 것이다. Gross는 유아가 사회극 놀이를 하는 동안 부모 역할을 하면서 성인 생활에서 요구되는 부모 역할의 기술을 연습하는 것이라고 주장하였다.

3) 반복이론

반복이론이란 인간이 진화해 온 과정에서 거쳤던 원시적인 삶(낚시하고 동물을 사냥하고 나무 열매를 따는 등)의 원형들이 유아들에게 내재되어 있다가 그것을 계승하기 위해서 기어오르는 놀이나 숨바꼭질 등의 놀이를 통해 재현하는 것이 놀이라고 하였다.

인간이 하등 동물에서 진화되었다는 Darwin의 진화론에 근거하고 있으며 미국의 심리학자이며 교육학자인 Hall(1994)이 주장한 이론이다. Hall에 의하면, 놀이를 통하여 유아는 인간 종에서 관찰되는 발달적 단계, 즉 동물, 야만인, 부족인 등의 단계를 재연한다. 즉, 놀이 단계는 인간의 진화 과정에서 일어나는 것과 같은 순서를 따른다고 주장하였다. 그래서 유아는 또래 집단놀이(부족인)에 참여하기 전에 나무 기어오르기(원시조상)를 하게 된다. 놀이의 목적은 현대의 성인 생활에 더 이상 필요하지 않은 유아의 원시적 본능을 제거하는 것이다.

예를 들어 야구와 같은 운동은 유아들이 방망이로 치는 것과 같은 고대 사냥의 본능을 놀이하면서 제거시켜 준다.

4) 휴식이론

Patrick은 휴식이론을 주장하였는데, 휴식이론이란 일을 함으로써 생기는 피로감을 풀고 쉬고 싶을 때 하는 것을 놀이라고 하였다.

휴식 이론은 일에서 소모한 에너지를 재충전하는 것이 놀이의 목적이라고 가정한다. 휴식 이론은 Morits Lazarus에 의해 1883년에 독일에서 제기되었다. 일에는 에너지 소모가 따르며 에너지 결핍이 초래된다. 에너지는 수면이나 에너지 손실을 초래하는 일과는 전혀 다른 활동에 참여함으로써 재충전될 수 있다. 놀이는 일의 반대 개념으로서, 손실된 에너지를 재충전하는 이상적인 방법이다. 만약 사람이 한 가지 활동을 계속하여 피로해지면 완전히 다른 활동으로 전환하는 것이 도움이 된다. 이는 성인의 여가 활동에 대하여 대중적으로 설명해 준다. 사무실에서 오랜 시간 스트레스를 받는 정신적 활동을 한 후에는 동료들과 다양한 운동과 게임으로 다른 종류의 정신활동을 함으로써 활기를 되찾을 수 있다(Johnson, Christie & Yawkey, 2001).

| 표 2-1 | 고전적 놀이이론

이론	학자	놀이의 동기
잉여 에너지 이론	Schiller & Spencer	잉여 에너지의 발산
연습이론	Gross	성인기를 대비한 연습
반복이론	Hall	진화과정의 재현
휴식이론	Patrick	새로운 에너지의 재생

2 현대적 놀이이론

현대적 놀이이론은 아이들의 놀이행동과 발달을 심리학적 요인과 관련해 보는 정신분석이론(psychoanalytic theory)과 인지발달 과정과 관련해서 보는 인지발달이론(cognitive theory), 또 각성조절이론(arousal modulation theory)으로 나누어 살펴본다.

1) 정신분석이론(psychoanalytic theory)

정신분석이론으로는 Freud 이론과 Erikson 이론을 살펴보도록 하겠다.

(1) Freud 이론

Freud에 의하면 인간의 성격은 원초아, 자아, 초자아로 구성되는데 신생아 시기에는 본능적 충동인 원초아에 의해 행동하지만 점차 성장하면서 자아와 초자아가 발달하고 이러한 발달에 놀이 경험이 중요한 작용을 한다. 즉, 유아는 놀이를 하면서 실생활에서 인상 깊게 느낀 사건을 표현하고 평상시에 이루기 힘든 희망을 성취하는 경험을 함으로써 유아의 자아가 원초아와 초자아를 조절할 수 있게 되고 그 결과로 자아가 성숙한다고 주장하였다. 또한 Freud는 놀이의 동기를 기쁨과 만족감을 추구하는 쾌락의 원리로 설명하였으며 놀이의 치료적 가치도 강조하였다.

(2) Erikson 이론

Erikson(1950)은 놀이를 주변 환경의 숙달(mastry)에 기여하는 발달적 현상으로 설명하였으며 유아의 놀이가 세 단계로 발달한다고 주장하였다. 각 단계를 설명하면 다음과 같다.

첫째, 자기 세계의 놀이 단계(autocosmic play)로 유아는 출생하면서부터 자신의 신체를 가지고 감각적 운동이나 발성을 반복적으로 시도하는 놀이를 한다.

둘째, 미시 영역 놀이 단계(the micro-sphere)로 놀잇감이나 사물을 가지고 놀이를 하면서 사물 세계의 일정한 법칙에 숙달될 수 있다.

셋째, 거시 영역 놀이 단계(the macro-sphere)로 다른 사람과 함께 놀이를 하는 시기이다.

2) 인지발달이론(cognitive theory)

놀이의 인지발달 이론가인 Piaget와 Vygotsky의 이론으로 다음과 같다.

(1) Piaget 이론

Piaget(1962)는 놀이 경험이 유아의 인지발달과 긴밀한 관계를 맺는다고 주장하였다. 그는 인간의 지적 행동이 동화(assimilation)와 조절(accommodation) 간의 평형을 통해 이루어진다고 가정하였는데, 동화는 외계의 대상을 유아의 조회 체계에 맞추어 받아들이는 과정을 말하며 조절은 외계의 대상에 맞도록 유아의 조회 체계를 변형시키는 것을 의미한다.

Piaget는 특히 놀이와 모방을 구별해서 놀이는 조절보다 동화가 우세하게 작용하는 상황인데 반해서 모방은 조절의 연속이라고 설명하였다. 즉, 유아가 모방을 할 때는 현실의 요구 조건에 맞게 기존의 사고 체계를 적응시키지만, 놀이에서는 규칙이나 제한에 구애됨이 없이 유아의 활동에 사물을 예속시키는 일종의 상징적 전환(symbolic transposition)이 이루어지므로 놀이는 거의 순수한 동화라고 할 수 있다는 주장이다.

또한 Piaget는 놀이가 유아의 인지발달 단계에 따라 연습놀이, 상징놀이, 규칙 있는 게임의 세 단계로 발달한다고 주장하였다.

- **연습놀이** : 감각운동기(출생~2세)의 유아는 신체의 감각운동을 연습하는 즐거움 때문에 단순한 놀이행동을 반복하는 놀이를 한다.
- **상징놀이** : 전조작기(2~7세)의 유아는 사물, 행동, 역할 등을 실제와 다르게 가작화하는 상징놀이를 한다.
- **규칙 있는 게임** : 구체적 조작기(7~11세) 이후에는 주로 규칙이 있는 게임을 한다. 게임의 규칙은 사회적 전통에 의해 제도화된 것도 있지만, 놀이 친구 간의 합의에 의해 임시로 결정되기도 한다.

동화(assimilation)와 조절(accomodation)

동화(assimilation)란 새로운 정보 혹은 경험을 접할 때, 그러한 정보와 경험을 이미 자신에게 구성되어 있는 도식에 적용하려는 경향성을 뜻한다. 조절(accomodation)이란 새로운 정보 혹은 새로운 경험을 인식하기 위해 기존의 도식을 수정하는 것을 의미한다. 즉, 조절은 동화만으로는 적용되지 않을 때 유기체 자신의 구조를 변형함으로써 적용하는 과정이다. 동화와는 반대이면서 상보적인 과정이라고 볼 수 있다.

예를 들면, 어떤 유아가 강아지는 다리가 네 개이고, 털이 달려 있다라는 도식을 가지고 있다면, 그 유아가 시골에서 소를 만났을 때, 소를 보고 강아지라고 말할 것이다. 왜냐하면 소도 강아지와 마찬가지로 다리가 네 개이고 털이 있으므로 자신이 가지고 있는 도식에 대입하는 것이다. 이를 동화라고 부른다. 그런데 엄마가 강아지와 소의 차이점을 설명해 준다면 유아는 자기가 가지고 있는 도식을 조절하여서 새로운 도식을 만들어 낸다. 이를 조절이라고 하며, 이때 유아는 강아지와 소의 특징을 알게 되어 인지가 발달하는 것이다. Piaget는 모순 없는 새로운 지식을 동화시키고 기존의 도식에 적절하지 않은 지식에 대해서는 도식을 변경하면서 도식을 확장하는 인지발달의 과정을 설명하였다.

(2) Vygotsky 이론

유아들은 특정 사물과 사물의 의미를 분리하여 사고하는 추상적 사고에 어려움을 느끼지만 놀이를 통해 구체적인 사물이 없어도 다른 사물로 그것을 대체함으로써 사물과 사물의 의미를 분리하는 것이 가능해진다. 다시 말하면, 유아들은 가상놀이에서 대체하고 있는 사물의 보편적인 의미를 바꾸기 때문에 의미를 분리하여 사고하는 추상적 사고가 가능해지는 것이다. 또한 아동들이 게임이나 상상놀이 상황에서 규칙들을 따르지 않으면 그 규칙과 자신의 충동적 행동 사이에서 갈등이 일어나게 된다. 따라서 자신이 원하는 것을 자제하고 즉각적인 충동을 조절하여 자신의 행동을 금지하고 구속함으로써 즐거움을 얻는다.

Vygotsky는 아동이 놀이에 참여할 때의 상황은 다른 어떤 상황보다 아동에게 더 많은 통제와 숙고를 요구하게 되어 높은 수준의 자기 조절이 일어난다. 그래서 아동은 자신의 나이

보다 더 성숙하게 행동하고 평상시 행동보다 더 수준 높게 행동한다. 이렇게 아동은 놀이에서 자신의 발달 수준보다 더 높은 수준으로 나아갈 수 있게 되어 놀이는 발달의 원천이며, 근접발달영역을 창출하는 것이다.

비계(scaffolding)

근접발달영역과 매우 밀접한 연관이 있는 개념이 비계이다. 비계는 아동이 자신의 힘으로 문제를 해결할 수 있도록 성인이나 유능한 또래가 도움을 제공하는 것을 의미한다. 비계는 건축학에서 빌려온 용어로서(비계는 건물을 짓거나 수리할 때 또는 외벽을 페인트 칠할 때 발판 역할을 해 주는 임시 구조물을 뜻한다) 건물을 지을 때 발판을 사용하다가 건물이 완성되면 제거해 버리는 것이다. 마찬가지로 아동이 과제를 수행하는 데 도움을 주다가 일단 아동이 혼자서 문제를 해결할 수 있게 되면 비계는 더 이상 필요 없게 된다. 비계는 즉각적인 문제 해결뿐만 아니라 장기적인 안목에서 아동이 스스로 문제를 해결하는 데 필요한 기술을 가르치는 데에도 효율적인 역할을 한다.

근접발달영역(Zone of Proximal Development)

근접발달영역(ZPD)은 아동이 자신의 힘으로 문제를 해결할 수 있는 수준인 실제적 발달 수준과 성인이나 유능한 또래로부터 도움을 받아 문제를 해결할 수 있는 수준인 잠재적 발달 수준 간의 영역을 의미한다.

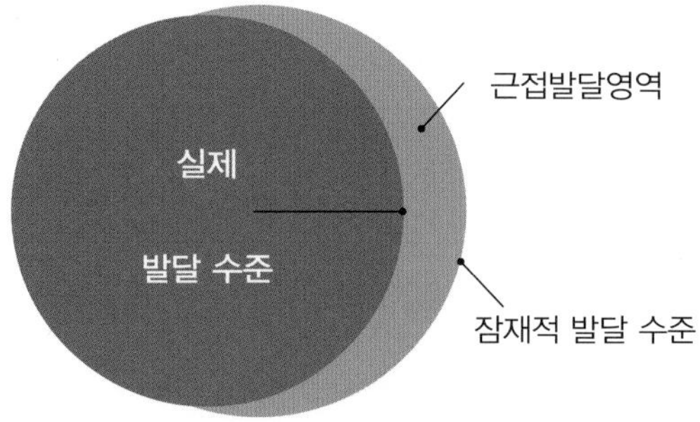

| 그림 2-1 | **근접발달영역**

Vygotsky(1962)는 아동이 혼자 힘으로 문제를 해결할 수 있는 수준을 발달의 '열매'로, 그리고 타인의 도움으로 문제를 해결할 수 있는 수준을 발달의 '봉오리' 또는 '꽃'이라고 불렀다.

근접발달영역의 개념은 비록 두 아동이 도움 없이 혼자 힘으로 문제를 해결할 수 있는 수준이 비슷하다 할지라도, 도움을 받고 문제를 해결할 수 있는 수준은 크게 다를 수 있음을 암시한다. 즉, 도움에 의해 수행능력이 증가하면 할수록 근접발달의 영역은 더 넓어진다는 것이다.

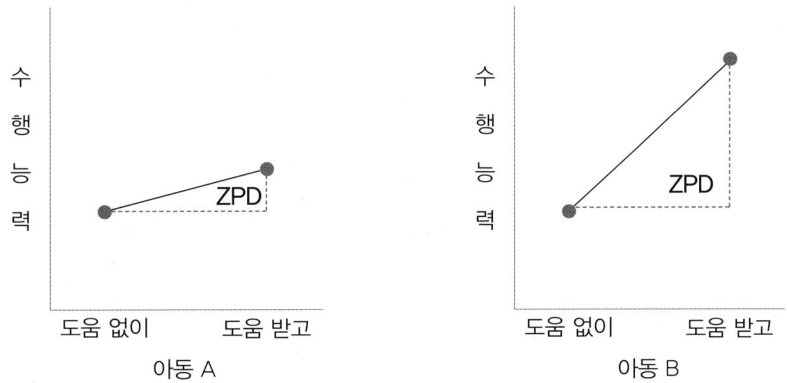

|그림 2-2| **도움 없이 두 아동의 과제 수행이 비슷하다 할지라도, 아동 B가 도움에 의해 수행능력이 더 많이 향상되었다. 따라서 더 넓은 근접발달영역을 갖게 된다.**

3) 각성조절이론(arousal modulation theory)

각성조절이론은 Berlyne(1960)에 의해 제기되고, Ellis(1973)에 의해 수정된 이론이다.

Berlyne에 의하면, 유기체의 중추신경조직은 각성(arousal)의 최적수준을 유지하려고 하는데, 자극의 수준이 지나치게 높거나 지나치게 낮으면 각성의 수준이 최적 상태 이상으로 증가한다. 이러한 경우 인간은 자극수준을 조절하여 각성수준을 낮춤으로써 평형 상태를 만들게 된다. 각성 조절방법은 두 가지로 나누어지는데 하나는 자극감소 활동이고 다른 하나는 자극추구 활동이다. 자극감소 활동은 자극이 지나쳐서 정서적으로 흥분되거나 긴장이 되면 각성수준이 높아지는데, 이를 적성수준으로 조절하기 위해 참여하는 놀이활동을 말한다. 예를 들어, 낯선 신기한 물건을 보면 흥분과 호기심이 증가하게 된다. 이때 낯선 신기한 물건을 탐색함으로써 흥분 단계는 감소되고 그 물건에 익숙하게 되는 것이다. 각성추구 활동은 자극이 충분하지 않을 때 각성은 현저히 낮은 수준으로 떨어져서 심심하게 되는데 이를 적정수준으로 조절하기 위해서 놀이를 하는 것이다.

Ellis는 각성을 적정수준으로 고취할 수 있는 '자극추구 활동(a stimulusseeking activity)'을 놀이로 간주했다. 즉, 놀이에서는 새롭고 특이한 방법으로 사물을 사용하고 행동하여서 자극이 증가된다. 예를 들면, 기존의 방식대로 미끄럼 타는 것이 싫증나면 유아는 각성 단계에서 발생하는 자극생산 활동이 나온다고 할 수 있다.

| 표 2-2 | **현대 놀이이론**

이 론	대표 학자	놀이활동의 가치
정신분석이론	Freud	• 상처받는 경험의 부정적 정서를 놀이를 통해 정화 • 반복놀이를 통한 부정적 정서 극복 • 소망 충족
	Erikson	• 자아기능 강화 1) 자기 세계의 놀이 - 자기 신체와 놀이 2) 미시 영역 놀이 - 장난감, 사물과 놀이 3) 거시 영역 놀이 - 다른 사람들과 놀이
인지발달이론	Piaget	• 인지발달 단계와 놀이발달 1) 감각운동기 - 연습놀이 2) 전조작기 - 상징놀이 3) 구체적 조작기 - 규칙 있는 게임
	Vygotsky	• 추상적 사고능력 증진 • 사회, 문화적 상호작용 • ZPD(근접발달영역) 창출
각성조절이론	Berlyne Ellis	• 최적의 각성수준 유지 • 각성 조절 방법 1) 자극감소 활동 2) 자극추구 활동

생각해 봅시다

- 내가 가장 즐겨하는 놀이는 무엇일까요?

- 그 놀이를 좋아하는 이유는 무엇일까요?

- 내가 좋아하는 놀이를 놀이이론 관점에서 생각해 봅시다.

놀이영상자료 & 느낌나누기

놀이는 본능이다(15분)
https://www.youtube.com/watch?v=B5ddcfO5HCc

놀이는 힘이다(12분)
https://www.youtube.com/watch?v=k84Ey5B_33s

놀이는 경쟁력이다(18분)
https://www.youtube.com/watch?v=ixVKLkphVTQ

놀이는 본능이다(14분)
https://www.youtube.com/watch?v=yoRKHipBguE

놀이는 밥이다
https://www.youtube.com/watch?v=Vgobriv6ojg

느낌나누기

- 영상에서 가장 기억에 남는 내용은 무엇일까요?

- 새롭게 알게 되었거나 배운 것은 무엇일까요?

CHAPTER 03

놀이와 발달

놀이와 발달

영유아들은 놀이를 통해 세상을 알아가고 관계를 형성하는 방법들을 배워 나간다. 본 장에서는 영유아의 놀이발달에 대해 알아보고 또 연령별 놀이에 대해 살펴보도록 하겠다.

1 놀이와 영유아 발달

영유아의 놀이는 주변 세계와 관련된 지식, 기능, 태도 등을 학습하게 할 뿐 아니라 인지, 정서, 사회성, 언어, 신체, 창의성 발달에 큰 영향을 미친다. 놀이와 영유아 발달관계를 살펴보도록 한다.

1) 놀이와 인지발달

놀이를 통해 얻게 되는 인지발달은 다음과 같다(Johnson, Ershler, & Lawton, 1982; Perkins, 1984; Resnick, 1987).

- 여러 가지 놀잇감을 가지고 놀면서 수, 분류, 서열화, 공간, 시간, 보존개념 등을 획득할 수 있다.
- 놀이 중에 접하는 새로운 사물이나 상황을 탐색하고 실험하면서 다양한 문제 해결 방안을 모색할 수 있다.

• 사물이나 상황에 상징적 의미를 부여하는 놀이, 가령 막대기로 말타기 놀이를 하면서 추상적 사고력이 증진된다.

|사진 3-1| 교구를 이용한 분류놀이

|표 3-1| 골드버그 발달이정표(인지발달)

연 령	발달이정표
0~3개월	1. 소리와 촉각에 반응함 2. 얼굴, 무늬, 물건을 바라봄 3. 움직이는 물건을 따라 눈을 움직임 4. 주변 환경을 탐색함
3~6개월	5. 자기 손과 손가락을 주시함 6. 물건을 입으로 가져감 7. 매달려 있는 물건을 향해 손을 뻗음 8. 물건보다 사람에 더 관심을 보임 9. 시야 밖에서 들리는 소리에 반응함 10. 물건을 향해 손을 뻗고 잡음 11. 물건을 사용하여 소리내기 12. 부분적으로 숨겨진 물건 찾기 13. 물건이 다시 나타나기를 기대함 14. 동시에 두 가지 물건 잡기 15. 바닥에 떨어진 물건을 눈으로 따라감 16. 목소리를 흉내 냄 17. 동작을 흉내 내고 되풀이함

연 령	발달이정표
6~12개월	18. 안과 밖에 대한 개념이 생기기 시작함 19. 지적하기 시작함 20. 결과를 얻기 위해 동작을 수행함 21. 감춰진 물건을 열어서 찾기 22. 박스 안에 물건 넣기 23. 한 물건을 내려놓고 다른 물건을 향해 손 뻗기 24. 다양한 방법으로 물건을 탐색함 25. 물건의 앞, 뒤, 위, 밑을 이해함 26. 두 물건을 서로 부딪치는 흉내 내기 27. 낙서를 흉내 냄
1~1.5세	28. 시행착오법을 사용함(시도와 실패를 되풀이함) 29. 한 물건을 다른 물건을 만지는 데 사용함 30. 물건이 시야를 일부 벗어나도 물건을 따라 주시함 31. 목적을 가지고 물건을 사용함 32. 몸동작을 사용함 33. 새로운 동작을 흉내 냄 34. 집안일을 흉내 냄 35. 작은 물건을 조작함
1.5~2세	36. 한 물건을 다른 물건에 영향을 주기 위해 사용함 37. 물건을 갖기 위해 기어 올라감 38. 필요하다면 장애물을 피해 옆으로 감 39. 기능적으로 적절한 방법으로 장난감을 사용함 40. 기억해서 활동과 말을 흉내 냄
2~3세	41. 물건의 크기를 이해하기 시작함 42. 공간관계를 이해하기 시작함 43. 양을 인지하기 시작함 44. 유사함을 인지하기 시작함 45. 분류하는 것을 시작함 46. 일부분 / 전체의 관계를 이해하기 시작함

연 령	발달이정표
3~4세	47. 크기를 이해함 48. 공간관계를 이해함 49. 양을 이해함 50. 유사함을 이해함 51. 분류하는 것을 이해함 52. 일부분 / 전체의 관계를 이해함 53. 차이점과 유사점을 사용해서 비교함
4~5세	54. 크기 또는 연소성의 순서를 이해함 55. 이야기에서 사건과 사건의 전개 순서를 이해함 56. 일대일의 관계를 이해함 57. 하위 집단을 이해함 58. 원인과 결과를 이해함 59. 50 이상을 셀 수 있음 60. 간단한 지시를 이해하고 따름 61. 흉내 내는 놀이와 역할놀이를 함

출처 : Goldberg(1997).

2) 놀이와 언어발달

놀이는 언어 연습장으로 아동은 놀이를 통해 끊임없이 언어능력을 습득하고 연습하게 된다. 놀이를 하면서 다양한 어휘를 배우고 역할에 알맞은 적절한 언어를 사용할 수 있게 된다. 또한 놀이 친구들과 사회적 관계를 맺음으로써 점차 자기 중심적 언어에서 탈피하여 남의 말에 귀를 기울여 이해하고 자신의 의견을 교환하는 의사소통능력을 기르게 된다. 놀이를 통해 얻게 되는 언어발달은 다음과 같다.

- 놀이를 통해 다양한 어휘를 습득하고 정확한 발음과 목소리 조절능력이 발달되며 문장 구성력도 증진된다.
- 다양한 상황이나 역할에 적합한 언어 사용으로 바른 언어생활 습관을 자연스럽게 익힐 수 있다.

• 놀이 경험을 통해 자기 중심적 언어에서 남의 말을 잘 듣고 이해하며 자신의 의견을 교환하는 의사소통 능력을 기를 수 있다.

| 사진 3-2 | 언어놀이를 하는 영아

| 표 3-2 | 골드버그 발달이정표(언어발달)

연 령	발달이정표
0~3개월	1. 좋으면 소리를 내어 반응함 2. 소리를 들으면 말소리를 내어 반응함 3. 미소 짓기 4. 좋으면 까르르 소리를 내며 반응함 5. 두서없이 모음과 비슷한 소리 내기(ㅏ, ㅓ, ㅗ, ㅜ 등) 6. 큰 소리에 말소리를 내어 반응함 7. 사람 말소리에 같이 말소리를 내어 반응함
3~6개월	8. 음성에 변화를 주면 말소리를 내어 반응함 9. 얼굴 표정에 말소리를 내어 반응함 10. 친숙한 물건의 이름을 인식함 11. 사람의 이름을 인식함 12. 옹알이하기 13. 소리 흉내 내기 14. 장난감이나 거울을 보고 소리 내기

연 령	발달이정표
6~12개월	15. 리듬에 말소리를 내어 반응함 16. 단어와 비슷한 소리 내기 17. “엄마”, “아빠”와 비슷한 소리 내기 18. 혼자 있을 때 장난스러운 소리 내기 19. 간단한 소리나 운율을 즐김 20. “안 돼” 또는 “앉아”와 같은 하나 혹은 두 개의 단어를 이해하거나 반응함
1~1.5세	21. 10개 정도의 단어를 사용함 22. 말을 흉내 내기 23. 억양을 사용하여 말하기 24. 단어 하나를 사용하여 요청하기 25. 얼굴의 한 부분과 몸의 부분 몇 개를 알기 26. 간단한 지시에 따르기 27. 두 단어를 사용하여 말하기
1.5~2세	28. 문장 형태의 말을 흉내 내기 29. 자기 이름을 말할 줄 알고 자기를 “나”라는 대명사로 표현하기 30. 50~300개 단어를 인식하기 31. 얼굴의 각 부분을 인식하기 32. 옷의 각 부분의 이름을 알기 33. 보다 복잡한 지시에 따르기
2~3세	34. 복수형 단어 사용하기 35. 도움을 요청하기 : “주스 먹고 싶어요” 36. 물건의 기능을 설명할 줄 알기 37. 크기, 모양, 색깔로 물건이 분류되는 것을 알기 38. 그림 속의 물건 이름 대기 39. 복잡한 지시에 따르기 40. ‘무엇’, ‘어디’, ‘언제’를 사용하여 질문하기 41. 3~4개의 단어로 이루어진 문장 사용하기
3~4세	42. 성과 이름 말하기 43. 유아원에서 배운 노래, 동시 외우기 44. ‘텅 빈’과 ‘꽉 찬’ 같은 비교 단어 사용하기 45. 간단한 문장으로 이야기하기 46. 기본적인 정보 이해하기

연 령	발달이정표
4~5세	47. '왜', '어떻게'를 사용하여 질문하기 48. 하루 일과에 관해 이야기하기를 좋아함 49. 몸의 거의 모든 부분의 이름 대기 50. 그림 이야기를 순서대로 맞추기 51. '그의', '그녀의', '우리의'와 같은 소유격 대명사를 사용하기 52. 기본적인 언어 징보를 이해하기 53. 읽기 기술이 시작됨 54. 보다 발전된 이해력을 보임

출처 : Goldberg(1997).

3) 놀이와 정서발달

놀이를 통해 힘들거나 기쁜 일들의 감정을 마음대로 표출할 수 있어 어린이들의 정서발달을 도울 수 있다. 즉 내적으로 받는 억압이나 스트레스를 놀이를 통해 마음껏 발산할 수 있다. 놀이를 통해 얻게 되는 정서발달은 다음과 같다.

| 사진 3-3 | 감정을 표현하는 유아

- 놀이를 하면서 감정을 통제하는 방법을 배워 갈등 상황을 잘 극복해 나갈 수 있을 뿐 아니라 친구들의 다양한 정서 표현방법을 관찰하여 동일한 정서가 다르게 표현될 수 있음을 알게 된다.
- 놀이 상황에서는 자신이 가진 부정적 정서 즉, 공포, 갈등, 감정, 불안, 공격성, 적대감 등을 투사할 수 있다.
- 놀이를 통해 다양한 상황과 대상에 따라 세련된 방식으로 정서를 표현해 보고 동시에 통제하는 방법을 배울 수 있고, 놀이 중에 나타나는 또래들의 정서 표현방식을 관찰할 기회를 주며 다른 사람의 정서에 감정이입을 할 수 있다.

4) 놀이와 사회성 발달

모든 사회생활에는 정해진 규칙이 있다. 놀이에도 마찬가지다. 까꿍놀이와 같이 단순한 부모와 영아의 놀이에서도 차례를 지키는 규칙이 필요하다. 사회극놀이에서의 규칙은 훨씬 더 복잡하다. 놀이를 통해 얻게 되는 사회성 발달은 다음과 같다.

- 출생 초기에는 부모와 놀이를 하면서 부모에게 친밀감을 갖게 되고 애착관계를 형성한다.
- 친구와 놀이를 하면서 다른 사람과 더불어 살아가는 데 필요한 사회적 능력, 즉 질서 지키기, 협동하기, 놀잇감 공유하기 등을 배운다. 놀이는 사회적 기술을 획득할 수 있게 한다. 높은 수준의 사회극놀이를 하는 어린이는 또래에게 보다 긍정적인 사회적 행동을 나타낸다.
- 놀이 경험을 통해서 주변 사회에 대한 관심, 이해, 지식을 높일 수 있다.
- Piaget와 그의 동료들의 연구는 유아가 모든 형태의 조망 수용에 어려움을 겪는다고 보고하고 있다. 조망 수용은 다른 사람의 관점에서 사물을 볼 수 있는 능력으로 이것은 다른 사람이 무엇을 보고, 느끼는지에 관해 이해하는 것을 의미한다. 조망 수용 능력은 사회성과 도덕성 발달, 사회적 능력에 중요한 역할을 한다. 사회극놀이와 같은 것은 유아의 조망 수용 능력과 사회적 능력 발달에 중요한 역할을 한다. 유아는 다양한 상황에서 아기, 부모, 조부모, 소방관, 영웅적인 인물의 역할을 맡을 수 있다.

| 사진 3-4 | 친구들과 함께 어울려 놀이하는 모습

| 표 3-3 | 골드버그 발달이정표(사회성 발달)

연 령	발달이정표
0~3개월	1. 안아 주면 꽉 껴안음 2. 사람의 음성에 반응함 3. 사람 보고 미소 지음
3~6개월	4. 즐거움을 표현함 5. 사회적 상호작용을 시작함 6. 좋고 싫음을 몸짓으로 표현함
6~12개월	7. 낯선 사람에 대해 적절히 반응함 8. 거울 보고 좋아함 9. 까꿍놀이를 함 10. 선호하는 사람, 물건, 장소를 표현함 11. 컵으로 마시기 12. 칭찬에 반응하기
1~1.5세	13. 일상의 정해진 생활 패턴, 의식을 즐김 14. 간단한 지시 따르기 15. 옛날 이야기 즐기기 16. 집안일 거들기 17. 운율과 노래에 맞춰 즐기기 18. 집안일을 시작하기 19. 혼자 옷 벗기
1.5~2세	20. 다른 사람 행동을 따라하기 21. 혼자 하는 놀이 - 색칠하기, 만들기, 책 보기 22. 단순한 게임을 하며 놀기 23. 옷 입기를 시도하기 24. 다른 아이들과 섞여서 혼자 놀기
2~3세	25. 물건에 대한 소유욕과 그것에 대해 애착을 가짐 26. 변화를 거부하고 원래 해 오던 방식을 고집함 27. 자기가 한 일에 자부심을 갖고 남의 도움을 거부함 28. 도움을 받아 옷 입기
3~4세	29. 여럿이 같이 놀기(단체 놀이) 30. 혼자 옷 입기 31. 도움을 받아 목욕하기

연 령	발달이정표
4~5세	32. 연극이나 창조적인 놀이하기 33. 다른 아이들과 상호 협동하여 놀기

출처 : Goldberg(1997).

5) 놀이와 신체발달

놀이는 어린이들의 근육을 발달시키고 자기 몸에 대해 인식을 하게 해 준다. 영아기의 아기들은 손과 눈의 협응이 잘 이루어져 일상생활에 필요한 여러 가지 행동을 할 수 있다. 숟가락, 젓가락의 사용과 혼자 옷을 입고 벗는 행위가 그 예다.

| 사진 3-5 | 2세아의 크레용으로 선 긋기

2세가 되면 블록을 6~7층씩 쌓을 수 있다. 유리잔을 혼자 잡을 수 있고 크레용으로 선을 그릴 수 있게 된다. 3세에는 던지는 공을 받으며 옷의 단추를 풀고 신발을 신을 수 있으며, 4세가 되면 혼자 옷을 입고 벗고 가위를 가지고 종이에 그려진 선을 따라 자를 수 있다. 5세 때는 단추를 잘 끼울 수 있다.

| 사진 3-6 | 2세아의 블록 쌓기

| 사진 3-7 | 2세아의 신체 활동

Hurlock(1978)에 의하면 어린이들은 모험심이 많아서 새로운 동작을 시도해 보려는 욕구가 높다. 기어오르기, 뛰기, 던지기, 매달리기, 기어가기 등의 대근육 운동능력이 발달된다.

신체를 이용한 놀이들은 어린이 류머티즘 관절염, 어린이 동맥경화와 같은 질병 예방도 된다. 활동적인 놀이는 신체의 유연성을 주고 근육을 강화시켜 준다.

| 표 3-4 | 골드버그 발달이정표(신체발달)

연 령	발달이정표
0~3개월	1. 팔과 다리는 구부리고, 손가락은 움켜 쥐기 2. 움직이는 물건 주시하기 3. 엎드려서 머리와 가슴 들기 4. 상체를 드는 동안 머리 들고 있기(머리 가누기)
3~6개월	5. 동시에 물체를 보고 손을 뻗어 잡기 6. 손으로 지지하고 앉기 7. 바로 누운 자세에서 엎드린 자세로 뒤집기
6~12개월	8. 한 손에서 다른 손으로 물건 옮기기 9. 앞뒤로 배밀이하기 10. 잡고 서기 11. 지지 없이 앉아서 손 뻗기 12. 그릇에 물건 넣기 13. 두 손을 몸 중앙으로 함께 가져오기 14. 엄지와 집게로 물건 잡기 15. 다른 사람에게 물건 건네주기 16. 네 발로 기기 17. 네 발로 기어서 계단 오르기 18. 물건을 굴리거나 밀기 19. 가구 잡고 걷기 20. 걷기
1~1.5세	21. 블록 2개 쌓기 22. 낙서를 시작함 23. 물건 던지기를 시작함 24. 네 발로 기어서 계단 내려가기

<table>
<tr><th>연 령</th><th>발달이정표</th></tr>
<tr><td>1.5~2세</td><td>25. 손잡이 돌리기(문고리 돌리기)
26. 블록 6개 쌓기
27. 장난감 밀고당기기
28. 공 차기
29. 달리기를 시작함
30. 걸어서 계단 오르내리기
31. 뛰기(jumps)</td></tr>
<tr><td>2~3세</td><td>32. 우세손(잘 쓰는 손)이 확립되기 시작함
33. 블록 8개 쌓기
34. 머리 위로 공 던지기
35. 어른용 의자에 기어오르고 내리기
36. 놀이기구에 기어오르기
37. 세발자전거 타기
38. 발을 번갈아가며 계단 내려오기
39. 양손 사용해서 놀이하기
40. 발을 번갈아가며 계단 내려오기</td></tr>
<tr><td>3~4세</td><td>41. 자르고 붙이기
42. 끈 묶기
43. 큰 구슬을 실에 꿰기
44. 낙서를 하거나 그림 그리기
45. 한 발로 뛰기</td></tr>
<tr><td>4~5세</td><td>46. 선 따라 가위로 자르기
47. ‘가나다라’ 쓰기
48. 10 이상의 숫자 쓰기
49. 이름 쓰기
50. 단추 끼우기, 허리띠 채우기, 신발 끈 묶기
51. 공 잡기
52. 선 안에 색칠하기/퍼즐 맞추기
53. 난간을 잡지 않고 계단 오르기
54. 발을 번갈아서 건너뛰기
55. 두발자전거, 롤러스케이트, 재주 넘기 배우기</td></tr>
</table>

출처 : Goldberg(1997).

6) 놀이와 창의성 발달

어린이들은 놀이 속에서 새롭고 독특한 아이디어를 생각할 기회가 많기 때문에 놀이는 어린이의 독창성을 발달시킨다. 또 창의력은 놀이의 문제 해결 능력으로 볼 수 있다. 어린이들은 놀이를 할 때 상상력을 발휘해 창의력은 더 많아지고 학교 과제를 더 잘 수행할 수 있으며 문제 해결 능력도 발달된다(Danky, 1980; Dansky & Silverman, 1973; Pepler & Ross, 1981; Singer, 1977; Sutton-Smith, 1986). 놀이를 통해 얻게 되는 창의성 발달은 다음과 같다.

- 놀이를 통해 다각적인 탐색을 하게 되어 융통성 있게 사고하는 능력이 발달된다.
- 놀이 가운데 '~인 척하는' 가작화 요소가 내포된 상상놀이를 하면서 상상력이 발달된다.
- 놀이 중에 새롭고 독특한 아이디어를 생각할 기회가 많아 독창성이 발달된다.

| 사진 3-8 | 우주체험 놀이

| 사진 3-9 | 목욕탕 놀이

2 연령별 놀이발달

영유아의 연령에 따른 놀이 특징은 다음과 같다.

1) 0세아의 신체놀이 발달

0세아는 신체 감각을 중심으로 놀이활동을 한다. 출생에서 6개월까지는 행동에 숙달되는 즐거움을 위하여 반복하고 모든 것을 입으로 탐색하며 오감자극 놀이가 이루어지고, 7~12개월은 서서 밀고당기는 놀이, 꺼내기, 채우기, 끼우기 등 간단한 조작놀이 등이 이루어진다.

▶ 교사 및 성인의 역할

- 영아의 발달 수준과 경험을 바탕으로 활동을 제공하고 점진적으로 다음 단계로 진행되도록 도와준다.
- 신체놀이에 적합한 놀잇감을 제공해 준다.
- 영아의 놀이를 관찰하면서 적절한 시기에 개입한다.
- 영아가 어려워하는 신체놀이는 시범을 보이도록 한다.
- 영아의 안전을 위하여 놀이 환경에 대한 점검을 철저히 해야 한다.

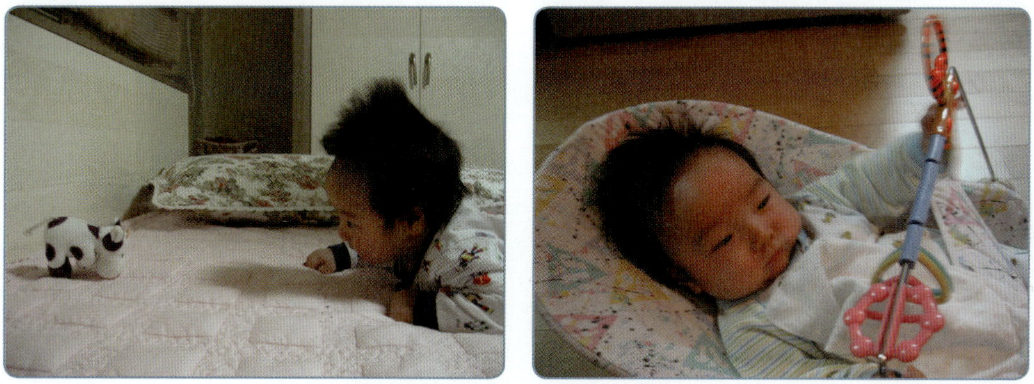

| 사진 3-10 | 오감자극 놀이

2) 1세아의 놀이발달

1세아는 여전히 감각운동적 놀이를 한다. 또한 부모가 주도하는 놀이에 참여하거나 단순한 모방활동이 이루어진다.

▶ 1세아의 놀이 종류와 놀이활동

- 운동놀이 : 대근육 운동놀이, 조작놀이
- 감각운동 놀이 : 듣기, 만지기, 휘젓기, 두드리기
- 역할놀이 : 단순 모방활동
- 부모와의 놀이 : 부모가 주관하는 놀이

| 사진 3-11 | 만지고 조작하기

▶ 교사 및 성인의 역할

- 밀거나 끌거나 당기는 등의 신체를 사용할 수 있는 놀잇감을 제공한다.
- 같은 모양끼리 놓아 보거나 구멍에 넣는 놀잇감을 제공한다.
- 소형 스펀지나 종이벽돌 블록 같은 것을 늘어놓게 하거나 쌓아보도록 격려한다.
- 영아의 놀이에 적절히 개입하며 물체에 대한 흥미를 느끼는 것을 격려하되 강요하지 않는다.
- 영아가 주의를 끌기 위해 하는 행동이 무엇인지 알고 가능하면 빨리 영아의 행동에 반응한다.
- 영아가 자신의 놀잇감을 가지고 놀지만 다른 영아와 가까이 앉을 수 있도록 공간을 준비해 주도록 한다.
- 영아가 혼자 할 수 없는 일에 도움을 준다.

3) 2세아의 놀이발달

2세아는 1세아에 비해 좀 더 발전된 형태의 운동, 감각적 놀이를 하고 소근육의 조절이 더 필요한 놀이가 발달되기 시작한다. 사회적 놀이에도 관심이 생기기 시작한다.

▶ 2세아의 놀이 종류와 놀이활동

- 운동놀이 : 낮은 층계 오르기, 끄는 놀이
- 감각운동 놀이 : 밀가루 반죽 등 감각 탐색놀이
- 조작놀이 : 눈과 손의 협응력 발달놀이
- 쌓기놀이 : 블록 옮기기, 늘어놓기, 쌓기
- 역할놀이 : 일상생활 경험 중심 단순 역할놀이
- 사회적 놀이 : 관심은 있으나 상호작용은 잘 안 됨

▶ 교사 및 성인의 역할

- 기어오르기를 위한 안전한 자료를 안전한 높이에 제공한다.
- 만져 볼 수 있는 다양한 촉감의 놀잇감을 제공하고 질감과 이름을 말해 주도록 한다.
- 협동할 수 있고 공유하는 놀잇감을 제공하고 다른 영아와 공유하는 행동을 할 때 칭찬해 주고 나누는 이유를 설명해 준다.
- 다른 영아와 가까이 놀 수 있도록 지도한다.
- 놀잇감을 자신의 일부처럼 생각하여 소유욕이 강하므로 분노나 부정적 감정을 부적절하게 표현할 때 긍정적으로 표현하도록 격려한다.
- 그림이나 모양이 비슷한 것을 모아 보게 하고 영아 스스로 분류한 것에 대해 설명을 들어준다.
- 사물의 명칭에 따른 분류를 시작하므로 분류를 해 보고 분명히 해 준다.
- 시간에 관련된 것도 말로 해 준다.
- 이야기의 맥락을 관찰하고 필요하다면 의미를 물어 본다.
- 그림책을 소리 내어 읽어 주고 억양을 잘 넣어 표현하여 영아가 모방하게 한다.
- 일상 놀이 경험을 통해 새로운 사물의 개념을 형성하고 이전 경험을 확장시키는 기회를 제공한다.

| 사진 3-12 | 2세아 감각탐색 놀이

4) 3세아의 놀이발달

3세아는 흥미 영역에 적응해 나가기 시작하며 2세아에 비해 놀이활동이 좀 더 세련되고 활발해지기 시작하나, 아직 큰 유아들처럼 매우 활동적이지는 않다. 친구들과의 상호작용하는 놀이도 아직은 많이 나타나지 않는다.

| 사진 3-13 | 가정 관련 역할놀이

▶ 3세아의 놀이 종류와 놀이활동

- 운동놀이 : 기초적 운동놀이, 세발자전거 타기
- 조작놀이 : 소근육 조절활동, 구슬 꿰기, 퍼즐 맞추기, 지퍼 올리기, 찍찍이 붙이기
- 쌓기놀이 : 블록으로 폐쇄된 공간, 다리 만들기
- 미술놀이 : 가위로 오리기
- 언어놀이 : 우스운 소리, 말놀이, 동화책에 관심
- 역할놀이 : 엄마, 아빠, 가정 관련 역할놀이
- 사회적 놀이 : 혼자놀이, 병행놀이

5) 4세아의 놀이발달

4세아는 흥미 영역을 통한 놀이활동에 주도적 · 적극적으로 참여하며 양적 · 질적으로 발달한 놀이 형태를 보인다. 친구들끼리 상호작용도 활발하게 이루어진다.

▶ 4세아의 놀이 종류와 놀이활동

- 운동놀이 : 대근육 운동놀이, 모험놀이, 정글짐
- 수조작 놀이 : 학습관 연관된 분류놀이, 수놀이, 퍼즐 맞추기

| 사진 3-14 | 4세아의 모험놀이

- 쌓기놀이 : 블록으로 폐쇄 공간과 다리 혼합 구조물, 극놀이 사용
- 미술놀이 : 다양한 재료로 사람 형태 꾸미기
- 언어놀이 : 우스갯소리, 수수께끼
- 역할놀이 : 양적 · 질적으로 발달한 놀이, 병원놀이, 가게놀이 계획
- 사회적 놀이 : 연합놀이

| 사진 3-15 | 역할놀이 결과물

6) 5세아의 놀이발달

5세아는 흥미 영역에 제공된 놀이활동에 매우 적극적 · 주도적으로 참여한다. 친구들끼리의 협동적 상호작용도 매우 활발하게 일어나며 사전에 놀이 계획을 하고 놀잇감의 사용에도 익숙하고 능숙한 모습을 보인다.

▶ 5세아의 놀이 종류와 놀이활동

- 운동놀이 : 운동기술 시험, 스키핑, 계단에서 뛰어 내리기
- 수조작놀이 : 다양한 퍼즐, 두 가지 속성 분류, 간단한 바느질
- 쌓기놀이 : 계획된 구조물, 구조물의 세부 장식, 균형, 패턴
- 미술놀이 : 다양한 재료로 사람, 동물, 식물, 집, 입체 조형물 표현
- 언어놀이 : 동화책 보기, 유아 자신이 동화 동요를 지어서 다른 사람에게 들려 줌, 끝말잇기, 수수께끼
- 과학탐구놀이 : 호기심을 갖고 사물이나 자연 관찰, 실험놀이
- 역할놀이 : 사전계획 놀이, 놀이 내용 다양, 놀잇감 다양
- 사회적 놀이 : 원만하게 상호작용, 협동놀이
- 게임 : 주사위 게임, 바둑판 게임, 숨바꼭질, 닭싸움
- 목공놀이 : 목공 연장 사용, 단순한 작품

| 사진 3-16 | 원만한 상호작용을 통해 연극을 준비하는 5세아의 모습

| 사진 3-17 | 함께 협동하여 큰 원을 만드는 5세아의 모습

| 사진 3-18 | 과학탐구 놀이 모습

| 사진 3-19 | 운동기술 시험

발달 및 연령에 따른 영역별 놀이를 살펴볼 수 있다.

| 사진 3-20 | 만 5세 과학영역

| 사진 3-21 | 만 4세 조형(미술)영역

| 사진 3-22 | 만 5세 쌓기(블럭)영역

| 사진 3-23 | 만 3세 역할영역

| 사진 3-24 | 만 5세 수, 조작영역

| 사진 3-25 | 만 3세 쌓기(블럭)영역

| 사진 3-26 | 만 4세 음률영역

| 사진 3-27 | 만 5세 역할영역

실습해 보기

연령별 놀이발달

● 다음 사진을 보고 생각해 봅시다.

연　　령:
놀 이 명:
발달영역:
발달내용:

연　　령:
놀 이 명:
발달영역:
발달내용:

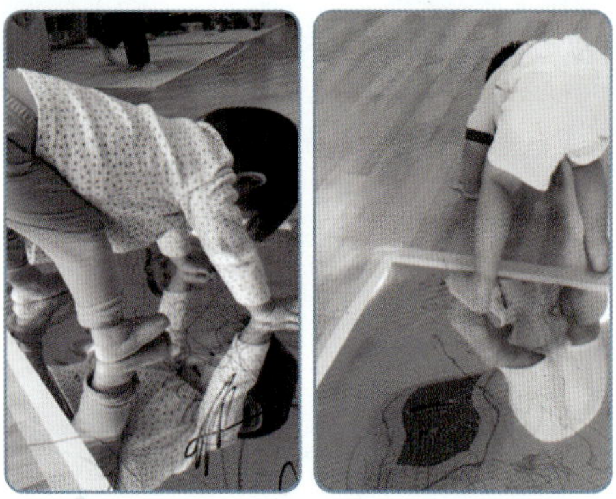

연　　령:
놀 이 명:
발달영역:
발달내용:

연　　령:
놀 이 명:
발달영역:
발달내용:

*사진 출처: 영등포구육아종합지원센터(2023). 영유아의 놀이와 놀이환경 교육자료
영등포구육아종합지원센터(2024). YDP 유보통합놀이전문가과정 놀이사례의 적용 교육자료.

연　　령:
놀 이 명:
발달영역:
발달내용:

연　　령:
놀 이 명:
발달영역:
발달내용:

연　　령:
놀 이 명:
발달영역:
발달내용:

연　　령:
놀 이 명:
발달영역:
발달내용:

CHAPTER 04

영유아 놀이의 유형

영유아놀이의 유형

영유아들의 놀이 본질과 특성을 파악하기 위해 연구자들은 다양하게 놀이유형을 분류하였다. 본 장에서는 영유아 발달에 따라 사회적 놀이유형과 인지적 놀이유형으로 분류하여 설명하였다.

1 사회적 놀이유형

1) 비참여 행동(0~1.5세)

비참여 행동은 말 그대로 놀이로 볼 수 없는 행동이다. 순간적인 흥미에 따라 어떤 것을 몰두해서 바라볼 뿐 특별한 목적이 없다. 유아가 놀이에 흥미가 없을 때나 기분이 좋지 않을 때, 또는 또래 관계가 원만하지 않을 때 나타날 수 있다.

2) 방관자적 행동(1.5~2세)

유아는 다른 유아들이 노는 것을 구경꾼처럼 지켜보며 대부분의 시간을 보낸다. 방관자적 행동은 그때그때 생기는 흥미로운 사건을 쳐다보는 것이 아니라 관찰하고 있다는 점에서 비참여행동과 다르다. 유아들 근처에서 말을 걸거나 질문을 하지만 유아 자신이 그 놀이에 참여하지는 않는다.

3) 혼자놀이 또는 단독놀이(2~2.5세)

다른 유아 가까이에 앉아서 다른 놀잇감을 갖고 혼자 노는 놀이이다. 다른 유아가 옆에서 놀아도 별 관심을 가지지 않으며 자신의 놀이에만 몰두한다. 단독놀이의 경험은 문제해결 기술과 자기통제에 대한 신뢰감 형성을 돕게 된다.

| 사진 4-1 | 단독놀이에 몰두해 있는 모습

4) 병행놀이(2.5~3.5세)

병행놀이는 주변의 다른 친구들과 동일한 놀이를 하지만 서로 접촉하거나 간섭하지 않고 혼자서 놀이하는 집단놀이의 한 형태이다. 즉, 다른 친구들과 같은 놀잇감을 가지고 놀지만 자기가 하고 싶은 놀이를 하면서 노는 것이다.

| 사진 4-2 | 병행놀이 모습

5) 연합놀이(3.5~4.5세)

연합놀이는 다른 유아와 함께 노는 집단놀이의 일종으로, 놀이 내용에 대해 이야기를 주고받거나 놀잇감을 빌려주기는 하나, 역할을 분담하거나 놀이 내용이 조직적으로 전개되지는 않는다. 폭넓은 의사소통이 이루어진다는 점에서 보다 사회성이 발달된 놀이 유형으로 정의할 수 있다.

6) 협동놀이(4.5세 이후)

협동놀이는 블록으로 어떤 구조물이나 물건 등을 만들기 위해서 또는 경쟁에서 이기기 위해서 또는 성인들의 생활을 극화하기 위해서 또는 규칙 있는 게임을 하기 위해서 조직된 집단에서 이루어지게 된다. 한두 명의 유아가 지휘권을 갖고 역할을 서로 분담하여 공동의 목표를 달성하기 위해 진행하는 조직적인 놀이이다.

다음 표는 사회적 놀이유형에 대해 학자별로 구분하였다.

| 표 4-1 | **학자별 사회적 놀이유형 구분**

Parten(1932)	Iwanaga(1973)	Howes(1980)	Winten(1985)
비참여행동 방관자적 행동 단독놀이 병행놀이 연합놀이 협동놀이	독립적 구조 병행적 구조 보충적 구조 통합적 구조	병행놀이 호의적 병행놀이 단순 사회적 놀이 보충적 놀이 상호작용적 놀이	독자적 놀이 근접놀이 연합놀이 상호작용 놀이

2 인지적 놀이유형

1) 기능놀이

기능놀이는 감각 운동기(0~2세)에 주로 나타나는 놀이의 유형으로 전에 경험해 본 행동을 반복하면서 즐거워한다. 우연히 감각 및 운동적인 경험을 통해 즐거움을 경험한 후 그것을 반복하여 즐기는 것으로 특별한 놀이기술이나 상징이 포함되지 않는다. 영아들은 기능놀이를 통해 신체적 기능을 연습하게 되고 환경을 탐색하면서 경험하게 되고 신체적 움직임과 물체의 반응에서 인과관계를 파악하게 될 뿐만 아니라 신체적 움직임에서 오는 즐거움과 새로운 행동의 숙달에 의한 만족감을 경험하게 된다. 예를 들면, 유모차 앞에 달린 장난감을 눌러서 소리가 나면, 그 행동을 계속 반복하는 것, 딸랑이를 건드렸을 때 나는 소리를 듣고 딸랑이를 반복하여 흔드는 것 등이다.

이 같은 기능놀이는 2세경이 되면 감소하나 사라지는 것이 아니라 유아로 성장하면서 극놀이나 구성놀이를 통해 더 복잡한 수준으로 나타나게 된다(신지연 외, 2021).

2) 구성놀이

구성놀이는 목적을 가지고 놀이자료를 다양하게 활용하여 창의적으로 무엇을 만들고 구성하는 놀이를 말한다. 생후 22개월에서 24개월이 된 영아는 블록, 여러 가지를 끼워 맞추는 놀잇감, 목공놀이 도구나 미술자료를 가지고 자동차 만들기, 성 쌓기, 터널 만들기 등의 놀이를 한다.

구성놀이를 통해 나타나는 결과물에는 다음과 같은 공통적인 특징이 있다(Forman et al., 1984; 이경화 외, 2019 재인용).

(1) 패턴만들기

영아는 블록 조각으로 모자이크 패턴을 만들 수 있다. 영아는 나무블록을 끼워 맞추면서 공간적인 배치를 고려하며 구성물을 확장하고 정료화시켜 나가는 것을 목표로 한다. 이러한 패턴만들기를 선호하며 즐겁게 놀이할 수 있다.

(2) 대상물

구성놀이는 단순히 무언가를 만드는 것이 아니라, 유아가 자신의 사고와 상상을 물리적인 대상물로 표현하고 구체화하는 과정이라고 볼 수 있다. 대상물은 유아가 직접 손으로 만들어낸 실제 물리적 존재물(예 블록 탑, 종이 자동차, 모래 성 등)을 의미한다. 이 대상물은 단순한 장난감이나 만들기 결과물이 아니라, 유아의 사고와 감정, 경험의 표현이며, 학습의 산물이자 사고의 매개체라고 할 수 있다.

(3) 체계

구성놀이는 단순한 쌓기나 만들기가 아니라, 일정한 논리와 구조를 따르며, 계획적이고 조직적인 조작 과정이 포함된다. 물체의 균형, 대칭, 공간 배열 등을 고려하며 체계적으로 조작하게 되며, 이는 사고력과 문제 해결 능력을 키우는 데 기여한다.

예 블록으로 집을 지을 때 기초 → 벽 → 지붕 순서로 짓는 것처럼, 일관된 설계와 계획에 따라 이루어짐

(4) 연속성

한 번에 끝나는 것이 아니라, 시간이 지남에 따라 발전하고 확장되는 특성이 있다. 놀이가 시간의 흐름 속에서 발전하고 연결되며, 이전 경험을 바탕으로 새로운 놀이로 이어진다. 이전 놀이 경험을 바탕으로 다음 놀이에 반영하면서 점차 복잡하고 정교한 구조물을 만들어 나간다. 이는 학습의 지속성과 창의적 사고의 발전에 큰 도움이 된다.

예 처음에는 단순한 탑을 쌓다가, 다음 날 다리를 가진 집, 그리고 도시까지 확장하는 식으로 경험의 연결이 이루어짐

| 사진 4-3 | 블록을 활용한 다양한 구성놀이의 모습

3) 상징놀이

상징놀이는 전조작기(2~7세)의 유아에게서 주로 나타나는 놀이 유형으로 2세경부터 나타난다. 상징놀이는 유아들이 사물이나 행동, 역할 등을 실제와 다르게 가작화하여 ~인 체, ~인 척하며 놀이하는 것이다. 아이들이 현실 세계의 사물을 다른 것으로 대체하거나, 비현실적이거나 상상 속의 상황을 만들어내는 놀이이다. 예를 들어, 막대기를 총으로 사용하거나, 블록을 음식으로 상상하여 요리하는 척하는 것들이다. 이러한 놀이를 통해 아이들은 현실을 벗어나 상상력을 발휘하고, 새로운 의미를 창조할 수 있다. 부모님과 교사는 아이들이

자유롭게 상징놀이에 참여할 수 있도록 환경을 조성하고, 필요한 지원과 격려를 제공하는 것이 중요하다.

(1) 발달 단계

① **초기 상징놀이**(12~18개월): 이 단계에서는 아이들이 간단한 상징을 사용하기 시작함(예 블록을 차인 것처럼 '부릉부릉' 소리를 내며 자동차로 사용함)

② **중기 상징놀이**(18~24개월): 아이들은 더욱 복잡한 상징을 사용하기 시작함(예 컵을 전화기로 사용하거나, 장난감을 사람으로 상상하여 대화하는 척하는 행동)

③ **후기 상징놀이**(2~3세): 이 단계에서는 아이들이 더욱 정교한 상징놀이를 할 수 있게 됨. 상상 속의 이야기를 만들고, 다양한 역할을 맡아 연기하는 등의 복잡한 상징놀이가 가능해짐

| 사진 4-4 | 배타기놀이

| 사진 4-5 | 버스놀이

(2) 교육적 가치

① 인지 능력을 발달시키는 데 중요한 역할을 한다. 상징을 사용함으로써 아이들은 사물의 기능과 속성을 이해하고, 문제 해결 능력을 향상시킬 수 있다.

② 상징놀이를 통해 아이들은 새로운 단어와 문장을 연습하게 된다. 이는 언어 발달을 촉

진하고, 의사소통 능력을 향상시키는 데 도움이 된다.

③ 아이들의 상상력을 자극하고, 창의적 사고를 발달시키는 데 기여한다. 미래의 문제 해결과 혁신적 사고를 위한 기초가 된다.

④ 상징놀이는 다른 아이들과 함께하는 경우가 많아 이를 통해 협력, 협상, 갈등 해결 등의 사회적 기술을 배우게 된다.

⑤ 상징놀이를 통해 아이들은 다양한 감정을 경험하고 이해하게 된다.

4) 사회극놀이

유아놀이 중에서 사회극(role play)놀이는 아이들이 다양한 사회적 역할과 상황을 연기하는 활동을 말한다. 사회극놀이는 아이들이 현실 세계의 다양한 사회적 상황을 모의하여 경험해 보는 활동이다. 이 과정에서 아이들은 다양한 역할을 맡아보고, 그 역할에 맞는 행동과 말을 연습하게 된다. 따라서 아이들이 사회적 상호작용을 이해하고, 다른 사람의 관점을 이해하는 데 도움을 줄 수 있다. 예를 들어, 가정에서 부모와 아이 역할을 바꾸어 보거나, 의사나 간호사, 선생님, 요리사 등 다양한 직업을 경험해 볼 수 있는 놀이이다.

※교육적 가치

① 다양한 사회적 역할을 경험하고 상호작용하면서 사회적 기술을 배울 수 있다.

② 사회극놀이를 통해 아이들은 다양한 단어와 문장 구조를 연습하게 되면서 언어발달을 촉진하고, 의사소통 능력이 향상될 수 있다.

③ 다양한 역할을 맡아보면서 아이들은 다른 사람의 감정을 이해하고, 자신의 감정을 표현하는 법을 배울 수 있는데 이는 감정지능 및 정서발달에 중요한 역할을 한다.

④ 사회극놀이의 다양한 상황을 경험하면서 문제를 해결해야 하는 상황이 발생한다. 이는 창의적 사고와 문제 해결 능력을 발달시킬 수 있다.

⑤ 사회극놀이를 통해 다양한 사회적 규범과 규칙을 배우게 된다. 예를 들어, 전체 이야기

를 공유해야 하고 나의 차례인 순서를 기다려야 하고 공손한 말과 행동하기 등을 경험하면서 사회적 규범을 이해하게 된다.

⑥ 다양한 역할경험은 자신의 강점과 약점을 인식하게 되고, 이는 자신감과 자존감 향상에 영향을 줄 수 있다.

| 사진 4-6 | 극놀이하는 유아들

5) 규칙 있는 놀이

보통 4~5세 이후(구체적 조작기), 즉 유아 중반 이상부터 나타나는 놀이유형으로 놀이 발달의 최고 수준의 놀이이다. 규칙 있는 게임은 게임에 포함되는 규칙의 의미를 이해하고 내면화할 수 있는 인지 수준을 요구하므로 대부분의 유아들이 적어도 구체적 조작 단계에 들어서 있어야 가능하게 된다. 규칙이 있는 놀이는 일정한 규칙이나 절차를 따르며 진행되는 놀이를 의미한다. 단순한 자유로운 상상놀이와 달리, 참여자 모두가 동의하고 지켜야 할 공통된 규칙이 존재하며, 그 규칙 안에서 역할 분담이나 순서, 승패 등이 결정된다.

(1) 규칙이 있는 놀이의 특징

첫째, 공통된 규칙 존재: 모든 참여자가 동일한 규칙을 이해하고 준수해야 함
둘째, 사회적 상호작용 강조: 타인과 협동하거나 경쟁하면서 소통 능력이 필요함
셋째, 역할 분담 및 순서: 정해진 역할과 순서를 지키며 협력하고 경쟁함
넷째, 승패 또는 목표 존재: 게임의 종결점(예 승리, 도착, 완성 등)이 명확함
다섯째, 자기 통제 능력 필요: 감정 조절, 충동 억제, 규칙 준수 등의 자율성이 필요함

(2) 교육적 가치

- 사회성 발달: 협동, 순서 지키기, 타인 존중, 공동 규칙 준수
- 인지 발달: 문제 해결 능력, 전략 수립, 규칙 이해, 판단력 향상
- 정서 발달: 감정 조절, 실패 경험, 승리 시 기쁨 표현 등
- 신체 발달: 대근육 · 소근육 사용, 반응 속도, 균형 유지 등
- 언어 발달: 의사소통, 설명 능력, 질문과 답변 등

규칙이 있는 놀이는 단순한 오락을 넘어, 유아가 사회적 구성원으로 성장하는 데 필수적인 경험을 제공한다. 이 놀이를 통해 유아는 규칙을 배우고, 타인과의 관계를 형성하며, 스스로를 통제하고 조절하는 능력을 길러간다. 따라서 유아교육 현장에서는 적절한 규칙 기반 놀이 환경을 마련하고, 이를 통해 유아들의 전인적 성장을 지원하는 것이 중요하다.

| 사진 4-7 | 규칙을 가지고 놀이하는 유아들

다음 표는 인지적 놀이유형에 대해 학자별로 구분하였다.

| 표 4-2 | 학자별 인지적 놀이유형 구분

인지발달단계	Piaget	Smilansky	Frost & Klein
감각운동기 (0~2세)	기능놀이 (연습놀이)	기능놀이	기능놀이
전조작기 (2~7세)	상징놀이	구성놀이 극놀이	구성놀이 상징놀이 사회극놀이
구체적 조작기 (7~11세)	규칙 있는 게임	규칙 있는 게임	규칙 있는 게임

CHAPTER 05

놀이와 교육과정

놀이와 교육과정

본 장에서는 국가교육과정인 2024 개정 표준보육과정과 2019 개정 누리과정에 대해 살펴보도록 한다. 유보통합 추진과정에서 공통교육과정의 개념을 가지고 있으므로 종합적으로 이해하는 자세가 필요하다. 다음은 2024 개정 표준보육과정(0~2세) 해설서와 2019년 개정 누리과정 해설서를 참고하였다.

1 표준보육과정과 누리과정 구성

1) 성격

가. 국가 수준의 공통성과 지역, 기관 및 개인 수준의 다양성을 동시에 추구한다.

나. 영유아의 전인적 발달과 행복을 추구한다.

다. 영유아 중심과 놀이 중심을 추구한다.

라. 영유아의 자율성과 창의성 신장을 추구한다.

마. 영유아, 교사, 원장, 부모 및 지역사회가 함께 실현해 가는 것을 추구한다.

2) 구성중점

가. 0~5세 모든 영유아에게 적용할 수 있도록 구성한다.

나. 추구하는 인간상 구현을 위한 지식, 기능, 태도 및 가치를 반영하여 구성한다.

다. 신체운동 · 건강, 의사소통, 사회관계, 예술경험, 자연탐구의 5개 영역을 중심으로 구성한다.

라. 0~5세 영유아가 경험해야 할 내용으로 구성한다.

마. 0~2세 보육과정 및 초등학교 교육과정과의 연계성을 고려하여 구성한다.

3) 편성운영

가. 각 기관의 운영 시간에 맞추어 편성한다(누리과정: 1일 4~5시간을 기준으로 편성한다/일과운영에 따라 확장하여 편성할 수 있다).

나. 표준보육과정 및 개정 누리과정을 바탕으로 각 기관의 실정에 적합한 계획을 수립하여 운영한다.

다. 하루 일과에서 바깥 놀이를 포함하여 영유아의 놀이가 충분히 이루어지도록 편성하여 운영한다.

라. 성, 신체적 특성, 장애, 종교, 가족 및 문화적 배경 등에 따른 차별이 없도록 편성하여 운영한다.

마. 영유아의 발달과 장애 정도에 따라 조정하여 운영한다.

바. 가정과 지역사회와의 협력과 참여에 기반하여 운영한다.

사. 교사 연수를 통해 표준보육과정의 운영을 개선할 수 있도록 한다.

4) 교수학습

가. 영유아가 흥미와 관심에 따라 놀이에 자유롭게 참여하고 즐기도록 한다.

나. 영유아가 놀이를 통해 배우도록 한다.

다. 영유아가 다양한 놀이와 활동을 경험할 수 있도록 실내외 환경을 구성한다.

라. 영유아와 영유아, 영유아와 교사, 영유아와 환경 사이에 능동적인 상호작용이 이루어지도록 한다.

마. 5개 영역의 내용이 통합적으로 영유아의 경험과 연계되도록 한다.

바. 개별 영유아의 요구에 따라 휴식과 일상생활이 원활히 이루어지도록 한다.

사. 영유아의 연령, 발달, 장애, 배경 등을 고려하여 개별 특성에 적합한 방식으로 배우도록 한다.

5) 평가

가. 표준보육과정 운영의 질을 진단하고 개선하기 위해 평가를 계획하고 실시한다.

나. 영유아의 특성 및 변화 정도와 표준보육과정의 운영을 평가한다.

다. 평가의 목적에 따라 적합한 방법을 사용하여 평가한다.

라. 평가의 결과는 영유아에 대한 이해와 표준보육과정 운영 개선을 위한 자료로 활용할 수 있다.

2 표준보육과정

1) 0~2세 표준보육과정 개정 배경

유네스코(UNESCO)는 1990년 '모두를 위한 교육(EFA: Education For All)' 세계 선언문에서 태어나면서부터 배움이 시작된다는 원칙을 천명한 이래, 2011년에는 국제표준교육분류(ISCED: International Standard Classification of Education)에 0~2세를 위한 교육의 범주를 신설하였다. OECD는 'Starting Strong V(2017)'에서 영아와 유아, 유아와 초등으로의 적절한 연계가 평생학습의 기초가 됨을 강조하였다. 교육부에서는 이러한 세계적 추세에 발맞추어 발달단계에 따라 자기주도적인 어린 학습자로서 영유아를 위한 국가 수준의 표준보육과정을 개정하게 된 것이다. 따라서 표준보육과정은 영아의 어린 학습자로서 자기주도성과 놀이를 통한 배움을 강조하고, 현장의 다양성과 자율성을 추구하는 누리과정과의 연계를 강화하여, 영아가 개인의 발달과 특성에 따라 맞춤형으로 교육 · 보육을 받을 수 있도록 설계되었다.

2) 목적과 목표

표준보육과정의 목적은 영유아가 놀이를 통해 심신의 건강과 조화로운 발달을 이루고 바른 인성과 민주 시민의 기초를 형성하는 데에 있다.

0~1세 보육과정 및 2세 보육과정의 목표는 다음과 같다.

- 자신의 소중함을 알고 건강하고 안전한 환경에서 즐겁게 생활한다.
- 자신의 일을 스스로 하고자 한다.
- 호기심을 가지고 탐색하며 상상력을 기른다.
- 일상에서 아름다움에 관심을 가지고 감성을 기른다.
- 사람과 자연을 존중하고 소통하는 데 관심을 가진다.

3) 영역별 목표 및 내용

(1) 0~1세

① 신체운동 · 건강

- **목표:** 실내외에서 신체활동을 즐기고, 건강하고 안전한 일상생활을 경험한다.
  - 감각 경험과 신체활동을 즐긴다.
  - 건강한 일상생활을 경험한다.
  - 안전한 일상생활을 경험한다.

• 내용

내용범주	내용
신체활동 즐기기	• 다양한 감각을 경험한다. • 신체와 주변을 탐색한다. • 대소근육을 조절한다. • 기본 운동을 시도한다. • 실내외 신체활동을 즐긴다.
건강하게 생활하기	• 도움을 받아 몸을 깨끗이 한다. • 음식에 관심을 가진다. • 하루 일과를 편안하게 경험한다. • 건강한 배변 습관을 갖는다.
안전하게 생활하기	• 안전한 상황에서 놀이하고 생활한다. • 안전한 상황에서 교통수단을 이용해 본다. • 위험하다는 말에 주의한다.

② 의사소통

• 목표: 일상생활에서 의사소통 능력을 기른다.
  - 일상생활에서 듣기와 말하기를 즐긴다.
  - 읽기와 쓰기에 관심을 가진다.
  - 책과 이야기에 재미를 느낀다.

• 내용

내용범주	내용
듣기와 말하기	• 표정, 몸짓, 말과 주변의 소리에 주의를 기울인다. • 상대방의 이야기를 들으면서 말소리를 낸다. • 표정, 몸짓, 말소리로 의사를 표현한다.
읽기와 쓰기에 관심 가지기	• 주변의 그림과 상징에 관심을 가진다. • 끼적이기에 관심을 가진다.
책과 이야기 즐기기	• 책에 관심을 가진다. • 말놀이와 이야기에 재미를 느낀다.

③ 사회관계

• 목표: 나를 알아가며, 더불어 생활하는 경험을 한다.

- 나를 알고 긍정적으로 여긴다.
- 함께 지내는 즐거움을 경험한다.

• 내용

내용범주	내용
나를 알고 존중하기	• 나의 고유함을 알아간다. • 나의 욕구와 감정을 표현한다. • 나에게 친숙한 것을 안다.
더불어 생활하기	• 안정적인 애착을 형성한다. • 또래에게 관심을 가진다. • 다른 사람의 감정과 행동에 관심을 가진다. • 반에서 편안하게 지낸다.

④ 예술경험

• 목표: 아름다움을 느끼고 즐긴다.

- 자연과 생활에서 아름다움을 경험한다.
- 자유롭게 예술 표현을 한다.

• 내용

내용범주	내용
아름다움 찾아보기	• 자연과 생활에서 아름다움을 느낀다. • 예술에서 아름다움을 느낀다.
창의적으로 표현하기	• 소리와 리듬, 노래로 표현한다. • 움직임으로 표현한다. • 다양한 미술 재료를 경험한다. • 모방하기를 즐긴다.

⑤ 자연탐구

- 목표: 주변 환경과 자연을 탐색하는 과정을 즐긴다.
  - 일상에서 탐색하는 과정을 즐긴다.
  - 주변 환경에 관심을 가지고 탐색한다.
  - 생명과 자연에 관심을 가진다.

- 내용

내용범주	내용
탐구과정 즐기기	• 주변 환경과 자연에 대해 호기심을 가진다. • 사물과 자연 탐색하기를 즐긴다.
읽기와 쓰기에 관심 가지기	• 친숙한 물체를 감각으로 탐색한다. • 일상에서 수에 관심을 가진다. • 공간과 모양을 탐색한다. • 규칙성을 경험한다.
자연과 더불어 살기	• 주변의 동식물에 관심을 가진다. • 날씨의 변화를 느낀다.

(2) 2세

① 신체운동 · 건강

- 목표: 실내외에서 신체활동을 즐기고, 건강하고 안전한 일상생활을 경험한다.
  - 감각 경험과 신체활동을 즐긴다.
  - 건강한 일상생활을 경험한다.
  - 안전한 일상생활을 경험한다.

• 내용

내용범주	내용
신체활동 즐기기	• 다양한 감각을 경험한다. • 신체를 인식하고 움직인다. • 대소근육을 조절한다. • 기본 운동을 즐긴다. • 실내외 신체활동을 즐긴다.
건강하게 생활하기	• 자신의 몸과 주변을 깨끗이 해 본다. • 음식을 즐겁게 먹는다. • 하루 일과를 즐겁게 경험한다. • 건강한 배변 습관을 갖는다.
안전하게 생활하기	• 안전하게 놀이하고 생활한다. • 안전한 상황에서 교통수단을 이용해 본다. • 위험한 상황에 대처하는 방법을 경험한다.

② 의사소통

• 목표: 일상생활에서 의사소통 능력을 기른다.

- 일상생활에서 듣기와 말하기를 즐긴다.
- 읽기와 쓰기에 관심을 가진다.
- 책과 이야기에 재미를 느낀다.

• 내용

내용범주	내용
듣기와 말하기	• 표정, 몸짓, 말에 주의를 기울여 듣는다. • 상대방의 이야기를 듣고 말한다. • 자신의 요구와 느낌을 말한다.
읽기와 쓰기에 관심 가지기	• 주변의 그림과 상징에 관심을 가진다. • 끼적이며 표현하기를 즐긴다.
책과 이야기 즐기기	• 책에 관심을 가지고 상상한다. • 말놀이와 이야기에 재미를 느낀다.

③ 사회관계

• 목표: 나를 알아가며, 더불어 생활하는 경험을 한다.

- 나를 알고 긍정적으로 여긴다.
- 함께 지내는 즐거움을 경험한다.

• 내용

내용범주	내용
나를 알고 존중하기	• 나의 고유함을 알아간다. • 나의 욕구와 감정을 표현한다. • 내가 좋아하는 것을 해 본다.
더불어 생활하기	• 가족에게 관심을 가진다. • 또래와 함께 놀이한다. • 다른 사람의 감정과 행동에 관심을 가진다. • 지켜야 할 약속이 있음을 안다

④ 예술경험

• 목표: 아름다움을 느끼고 즐긴다.

- 자연과 생활에서 아름다움을 경험한다.
- 자유롭게 예술 표현을 한다.

• 내용

내용범주	내용
아름다움 찾아보기	• 자연과 생활에서 아름다움을 느낀다. • 예술에서 아름다움을 느낀다.
창의적으로 표현하기	• 익숙한 노래와 리듬을 표현한다. • 움직임과 춤으로 표현한다. • 다양한 미술 재료와 도구로 표현한다. • 상상놀이를 한다.

⑤ 자연탐구

- 목표: 주변 환경과 자연을 탐색하는 과정을 즐긴다.
  - 일상에서 탐색하는 과정을 즐긴다.
  - 주변 환경에 관심을 가지고 탐색한다.
  - 생명과 자연에 관심을 가진다.

- 내용

내용범주	내용
탐구과정 즐기기	• 주변 환경과 자연에 대해 호기심을 가진다. • 사물과 자연 탐색하기를 즐긴다.
생활 속에서 탐구하기	• 친숙한 물체를 감각으로 탐색한다. • 일상에서 수에 관심을 가진다. • 공간과 모양을 탐색한다. • 규칙성에 관심을 가진다. • 사물을 같고 다름에 따라 구분한다. • 생활 도구에 관심을 가진다.
자연과 더불어 살기	• 주변의 동식물에 관심을 가진다. • 날씨와 계절의 변화를 느낀다.

3 누리교육과정

1) 개정 배경

누리과정은 3가지를 중점으로 개정하였다. **첫째, 미래 사회에 부응하는 교육과정** 즉, 미래 사회는 단순한 지식 습득보다 창의적 사고와 문제 해결 능력을 갖춘 인재를 요구한다. 이러한 변화에 발맞춰 「2015 개정 초 · 중등학교 교육과정」과 「2019 개정 누리과정」은 역량 중심 교육과정으로 방향을 전환하고 있으며, 특히 유아교육에서는 '배움'을 자연스럽게 경험하게 하는 '놀이'를 중심에 두고 있다. 이에 「2019 개정 누리과정」은 교육내용을 간략화하면서도 유아가 자유롭게 탐색하고 표현할 수 있는 **둘째, 놀이중심 교육과정**을 도입하였다. 놀이는 유아가 세상과 관계 맺는 방식이며, 감각과 상상력을 동원한 다양한 표현과 발견의 과정이다. 따라서 교사는 유아의 놀이에 귀 기울이며 그 가치를 이해하고, 개별 유아의 놀이 흐름에 맞는 적절한 지원을 해야 한다. 나아가 개정 누리과정은 국가 수준의 공통 기준을 최소화하여 **셋째, 교사의 자율성과 다양성을 존중**하고자 하였다. 교사는 유아와 가장 가까이 있는 전문가로서, 계획 중심의 활동보다는 유아의 놀이를 이해하고 그 흐름에 따라 즉각적이고 유연한 교육적 판단을 실천해야 한다. 결국 유아가 중심이 되고 놀이가 살아나는 교육과정은 교사의 전문성과 신뢰를 바탕으로 실현되며, 미래 사회를 이끌어갈 창의적이고 융합적인 인재를 길러내는 데 기여할 수 있다.

2) 목적과 목표

누리과정의 목적은 유아가 놀이를 통해 심신의 건강과 조화로운 발달을 이루고 바른 인성과 민주 시민의 기초를 형성하는 데에 있다.

가. 자신의 소중함을 알고, 건강하고 안전한 생활 습관을 기른다.

나. 자신의 일을 스스로 해결하는 기초능력을 기른다.

다. 호기심과 탐구심을 가지고 상상력과 창의력을 기른다.

라. 일상에서 아름다움을 느끼고 문화적 감수성을 기른다.

마. 사람과 자연을 존중하고 배려하며 소통하는 태도를 기른다.

3) 영역별 목표 및 내용

① 신체운동 · 건강

- 목표: 실내외에서 신체활동을 즐기고, 건강하고 안전한 생활을 한다.
  - 신체활동에 즐겁게 참여한다.
  - 건강한 생활습관을 기른다.
  - 안전한 생활습관을 기른다.

- 내용

내용범주	내용
신체활동 즐기기	• 신체를 인식하고 움직인다. • 신체 움직임을 조절한다. • 기초적인 이동운동, 제자리 운동, 도구를 이용한 운동을 한다. • 실내외 신체활동에 자발적으로 참여한다.
건강하게 생활하기	• 자신의 몸과 주변을 깨끗이 한다. • 몸에 좋은 음식에 관심을 가지고 바른 태도로 즐겁게 먹는다. • 하루 일과에서 적당한 휴식을 취한다. • 질병을 예방하는 방법을 알고 실천한다.
안전하게 생활하기	• 일상에서 안전하게 놀이하고 생활한다. • TV, 컴퓨터, 스마트폰 등을 바르게 사용한다. • 교통안전 규칙을 지킨다. • 안전사고, 화재, 재난, 학대, 유괴 등에 대처하는 방법을 경험한다.

② 의사소통

- **목표**: 일상생활에 필요한 의사소통 능력과 상상력을 기른다.
  - 일상생활에서 듣고 말하기를 즐긴다.
  - 읽기와 쓰기에 관심을 가진다.
  - 책이나 이야기를 통해 상상하기를 즐긴다.

- 내용

내용범주	내용
듣기와 말하기	• 말이나 이야기를 관심 있게 듣는다. • 자신의 경험, 느낌, 생각을 말한다. • 상황에 적절한 단어를 사용하여 말한다. • 상대방이 하는 이야기를 듣고 관련해서 말한다. • 바른 태도로 듣고 말한다. • 고운 말을 사용한다.
읽기와 쓰기에 관심 가지기	• 말과 글의 관계에 관심을 가진다. • 주변의 상징, 글자 등의 읽기에 관심을 가진다. • 자신의 생각을 글자와 비슷한 형태로 표현한다.
책과 이야기 즐기기	• 책에 관심을 가지고 상상하기를 즐긴다. • 동화, 동시에서 말의 재미를 느낀다. • 말놀이와 이야기 짓기를 즐긴다.

③ 사회관계

- **목표**: 자신을 존중하고 더불어 생활하는 태도를 가진다.
  - 자신을 이해하고 존중한다.
  - 다른 사람과 사이좋게 지낸다.
  - 우리가 사는 사회와 다양한 문화에 관심을 가진다.

• 내용

내용범주	내용
나를 알고 존중하기	• 나를 알고 소중히 여긴다. • 나의 감정을 알고 상황에 맞게 표현한다. • 내가 할 수 있는 것을 스스로 한다.
더불어 생활하기	• 가족의 의미를 알고 화목하게 지낸다. • 친구와 서로 도우며 사이좋게 지낸다. • 친구와의 갈등을 긍정적인 방법으로 해결한다. • 서로 다른 감정, 생각, 행동을 존중한다. • 친구와 어른께 예의바르게 행동한다. • 약속과 규칙의 필요성을 알고 지킨다.
사회에 관심 가지기	• 내가 살고 있는 곳에 대해 궁금한 것을 알아본다. • 우리나라에 대해 자부심을 가진다. • 다양한 문화에 관심을 가진다.

④ 예술경험

• 목표: 아름다움과 예술에 관심을 가지고 창의적 표현을 즐긴다.

- 자연과 생활 및 예술에서 아름다움을 느낀다.
- 예술을 통해 창의적으로 표현하는 과정을 즐긴다.
- 다양한 예술표현을 존중한다.

• 내용

내용범주	내용
아름다움 찾아보기	• 자연과 생활에서 아름다움을 느끼고 즐긴다. • 예술적 요소에 관심을 갖고 찾아본다.
창의적으로 표현하기	• 노래를 즐겨 부른다. • 신체, 사물, 악기로 간단한 소리와 리듬을 만들어 본다. • 신체나 도구를 활용하여 움직임과 춤으로 자유롭게 표현한다. • 다양한 미술 재료와 도구로 자신의 생각과 느낌을 표현한다. • 극놀이로 경험이나 이야기를 표현한다.

내용범주	내용
예술 감상하기	• 다양한 예술을 감상하며 상상하기를 즐긴다. • 서로 다른 예술 표현을 존중한다. • 우리나라 전통 예술에 관심을 갖고 친숙해진다.

⑤ 자연탐구

• 목표: 탐구하는 과정을 즐기고, 자연과 더불어 살아가는 태도를 가진다.

- 일상에서 호기심을 가지고 탐구하는 과정을 즐긴다.
- 생활 속의 문제를 수학적, 과학적으로 탐구한다.
- 생명과 자연을 존중한다.

• 내용

내용범주	내용
탐구과정 즐기기	• 주변 세계와 자연에 대해 지속적으로 호기심을 가진다. • 궁금한 것을 탐구하는 과정에 즐겁게 참여한다. • 탐구과정에서 서로 다른 생각에 관심을 가진다.
생활 속에서 탐구하기	• 물체의 특성과 변화를 여러 가지 방법으로 탐색한다. • 물체를 세어 수량을 알아본다. • 물체의 위치와 방향, 모양을 알고 구별한다. • 일상에서 길이, 무게 등의 속성을 비교한다. • 주변에서 반복되는 규칙을 찾는다. • 일상에서 모은 자료를 기준에 따라 분류한다. • 도구와 기계에 대해 관심을 가진다.
자연과 더불어 살기	• 주변의 동식물에 관심을 가진다. • 생명과 자연환경을 소중히 여긴다. • 날씨와 계절의 변화를 생활과 관련짓는다.

실습해 보기

● 한 교사의 교실 속 놀이를 담은 이야기를 읽고 생각해 봅시다.

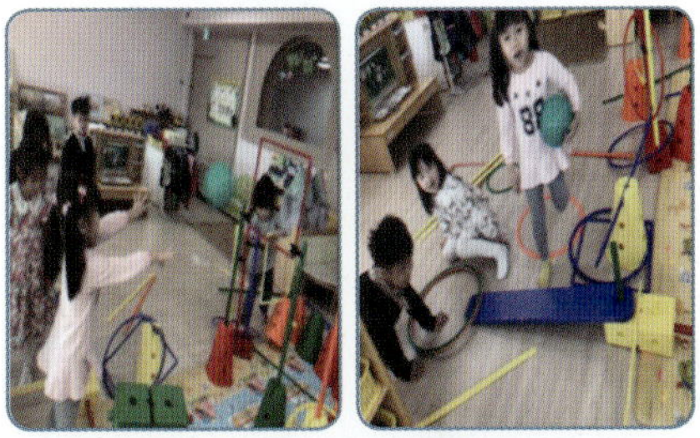

친구들과 힘을 합쳐 놀이터를 만들었어요.
"이건 딱딱하고 튼튼해서 미끄럼틀로 하면 되겠어."

"얘들아, 우리 이걸로 운동해볼까?"
"그래! 여기는 이제 헬스클럽이라고 하자!"

"헬스장엔 이런 것들이 있었어."
"우리 몸이 튼튼해지게 어서 운동하자!"

"우리 옆에 장난감 가게도 만들자!
손님들이 장난감을 가지고 놀 수 있게 말이야."

"이제 밤이 됐다고 하자. 우리 어디서 잘까?"
"텐트를 만드는 건 어때? 움직이는 텐트!"

"와, 잘 잤다! 이제 우리 여행을 떠나자.
낚시도 할 수 있는 잠수함을 타고 말이야."

● 이 놀이 속에서 유아들이 경험하고 있는 누리과정의 내용은 무엇일까요?

실습해 보기

놀이 속 반짝 반짝 빛나는 배움 찾기

2019 개정 누리과정 고시문
출처: 교육부 홈페이지

실습해 보기

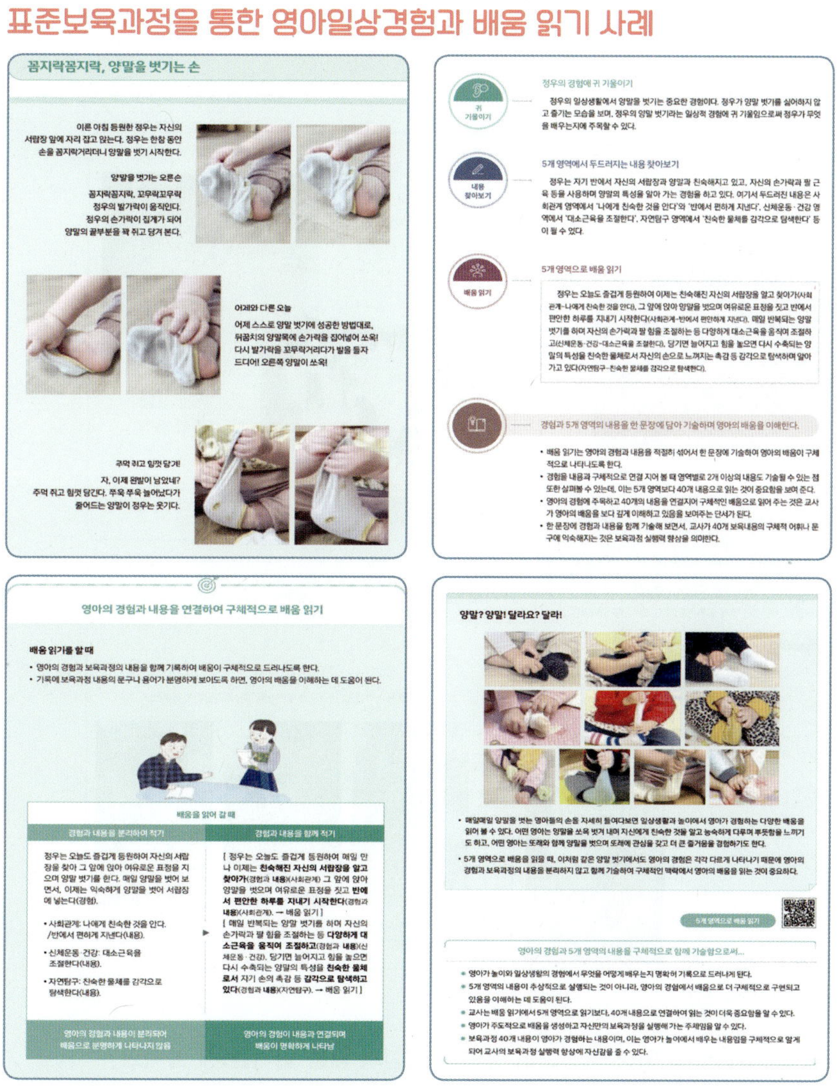

표준보육과정을 통한 영아일상경험과 배움 읽기 사례

꼼지락꼼지락, 양말을 벗기는 손

이른 아침 등원한 정우는 자신의 서랍장 앞에 자리 잡고 앉는다. 정우는 한참 동안 손을 꼼지락거리더니 양말을 벗기 시작한다.

양말을 벗기는 오른손

꼼지락꼼지락, 꼬무락꼬무락 정우의 발가락이 움직인다. 정우의 손가락이 집게가 되어 양말의 끝부분을 꽉 쥐고 당겨 본다.

어제와 다른 오늘

어제 스스로 양말 벗기에 성공한 방법대로, 뒤꿈치의 양말목에 손가락을 집어넣어 쏘옥! 다시 발가락을 꼬무락거리다가 발을 들자 드디어! 오른쪽 양말이 쏘옥!

주먹 쥐고 힘껏 당겨!

자, 이제 왼발이 남았네? 주먹 쥐고 힘껏 당긴다. 쭈욱 쭈욱 늘어났다가 줄어드는 양말이 정우는 웃기다.

귀 기울이기 — **정우의 경험에 귀 기울이기**

정우의 일상생활에서 양말을 벗기는 중요한 경험이다. 정우가 양말 벗기를 싫어하지 않고 즐기는 모습을 보며, 정우의 양말 벗기라는 일상적 경험에 귀 기울임으로써 정우가 무엇을 배우는지에 주목할 수 있다.

내용 찾아보기 — **5개 영역에서 두드러지는 내용 찾아보기**

정우는 자기 반에서 자신의 서랍장과 양말과 친숙해지고 있고, 자신의 손가락과 팔 근육 등을 사용하며 양말의 특성을 알아 가는 경험을 하고 있다. 여기서 두드러진 내용은 사회관계 영역에서 '나에게 친숙한 것을 안다'와 '반에서 편하게 지낸다', 신체운동·건강 영역에서 '대소근육을 조절한다', 자연탐구 영역에서 '친숙한 물체를 감각으로 탐색한다' 등이 될 수 있다.

배움 읽기 — **5개 영역으로 배움 읽기**

정우는 오늘도 즐겁게 등원하여 이제는 친숙해진 자신의 서랍장을 알고 찾아가(사회관계-나에게 친숙한 것을 안다), 그 앞에 앉아 양말을 벗으며 여유로운 표정을 짓고 반에서 편안한 하루를 지내기 시작한다(사회관계-반에서 편안하게 지낸다). 매일 반복되는 양말 벗기를 하며 자신의 손가락과 팔 힘을 조절하는 등 다양하게 대소근육을 움직여 조절하고(신체운동·건강-대소근육을 조절한다), 당기면 늘어지고 힘을 놓으면 다시 수축되는 양말의 특성을 친숙한 물체로서 자신의 손으로 느껴지는 촉감 등 감각으로 탐색하며 알아가고 있다(자연탐구-친숙한 물체를 감각으로 탐색한다).

경험과 5개 영역의 내용을 한 문장에 담아 기술하며 영아의 배움을 이해한다.

- 배움 읽기는 영아의 경험과 내용을 적절히 섞어서 한 문장에 기술하여 영아의 배움이 구체적으로 나타나도록 한다.
- 경험을 내용과 구체적으로 연결 지어 볼 때 영역별로 2개 이상의 내용도 기술될 수 있는 점 또한 살펴볼 수 있는데, 이는 5개 영역보다 40개 내용으로 읽는 것이 중요함을 보여 준다.
- 영아의 경험에 주목하고 40개의 내용을 연결지어 구체적인 배움으로 읽어 주는 것은 교사가 영아의 배움을 보다 깊게 이해하고 있음을 보여주는 단서가 된다.
- 한 문장에 경험과 내용을 함께 기술해 보면서, 교사가 40개 보육내용의 구체적 어휘나 문구에 익숙해지는 것은 보육과정 실행력 향상을 의미한다.

영아의 경험과 내용을 연결하여 구체적으로 배움 읽기

배움 읽기를 할 때

- 영아의 경험과 보육과정의 내용을 함께 기록하여 배움이 구체적으로 드러나도록 한다.
- 기록에 보육과정 내용의 문구나 용어가 분명하게 보이도록 하면, 영아의 배움을 이해하는 데 도움이 된다.

배움을 읽어 갈 때

경험과 내용을 분리하여 적기	경험과 내용을 함께 적기
정우는 오늘도 즐겁게 등원하여 자신의 서랍장을 찾아 그 앞에 앉아 여유로운 표정을 지으며 양말 벗기를 한다. 매일 양말을 벗어 보면서, 이제는 익숙하게 양말을 벗어 서랍장에 넣는다(경험). • 사회관계: 나에게 친숙한 것을 안다. /반에서 편하게 지낸다(내용). • 신체운동·건강: 대소근육을 조절한다(내용). • 자연탐구: 친숙한 물체를 감각으로 탐색한다(내용).	[정우는 오늘도 즐겁게 등원하여 매일 만나 이제는 **친숙해진 자신의 서랍장을 알고 찾아가**(경험과 **내용**)(사회관계) 그 앞에 앉아 양말을 벗으며 여유로운 표정을 짓고 **반에서 편안한 하루를 지내기 시작한다**(경험과 **내용**)(사회관계). → 배움 읽기] [매일 반복되는 양말 벗기를 하며 자신의 손가락과 팔 힘을 조절하는 등 **다양하게 대소근육을 움직여 조절하고**(경험과 **내용**)(신체운동·건강), 당기면 늘어지고 힘을 놓으면 다시 수축되는 양말의 특성을 **친숙한 물체로서** 자기 손의 촉감 등 **감각으로 탐색하고 있다**(경험과 **내용**)(자연탐구). → 배움 읽기]
영아의 경험과 내용이 분리되어 배움으로 분명하게 나타나지 않음	영아의 경험이 내용과 연결되며 배움이 명확하게 나타남

양말? 양말! 달라요? 달라!

- 매일매일 양말을 벗는 영아들의 손을 자세히 들여다보면 일상생활과 놀이에서 영아가 경험하는 다양한 배움을 읽어 볼 수 있다. 어떤 영아는 양말을 쏘옥 벗겨 내며 자신에게 친숙한 것을 알고 능숙하게 다루며 뿌듯함을 느끼기도 하고, 어떤 영아는 또래와 함께 양말을 벗으며 또래에 관심을 갖고 더 큰 즐거움을 경험하기도 한다.
- 5개 영역으로 배움을 읽을 때, 이처럼 같은 양말 벗기에서도 영아의 경험은 각각 다르게 나타나기 때문에 영아의 경험과 보육과정의 내용을 분리하지 않고 함께 기술하여 구체적인 맥락에서 영아의 배움을 읽는 것이 중요하다.

5개 영역으로 배움 읽기

영아의 경험과 5개 영역의 내용을 구체적으로 함께 기술함으로써...

- 영아가 놀이와 일상생활의 경험에서 무엇을 어떻게 배우는지 명확히 기록으로 드러나게 된다.
- 5개 영역의 내용이 추상적으로 실행되는 것이 아니라, 영아의 경험에서 배움으로 더 구체적으로 구현되고 있음을 이해하는 데 도움이 된다.
- 교사는 배움 읽기에서 5개 영역으로 읽기보다, 40개 내용으로 연결하여 읽는 것이 더욱 중요함을 알 수 있다.
- 영아가 주도적으로 배움을 생성하고 자신만의 보육과정을 실행해 가는 주체임을 알 수 있다.
- 보육과정 40개 내용이 영아가 경험하는 내용이며, 이는 영아가 놀이에서 배우는 내용임을 구체적으로 알게 되어 교사의 보육과정 실행력 향상에 자신감을 줄 수 있다.

출처: 교육부(2025b). 2024 개정 표준보육과정(0~2세) 해설서

● 5개 영역으로 배움 읽기

https://i-nuri.go.kr/teacher/board/view.do?menu_idx=20&data_type=normal&manage_idx=137&board_idx=4224

실습해 보기

누리과정을 통한 유아의 경험과 배움 읽기 사례

● 이어지고 이어지는 길

" 우리 동네 길은 달팽이 같아."
" 길은 서로 언젠가는 만나게 되어 있어."
" 큰 길도 있고 작은 길도 있어. "

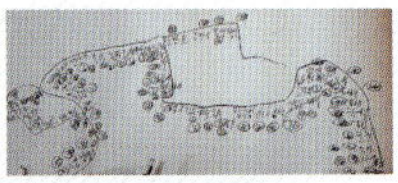

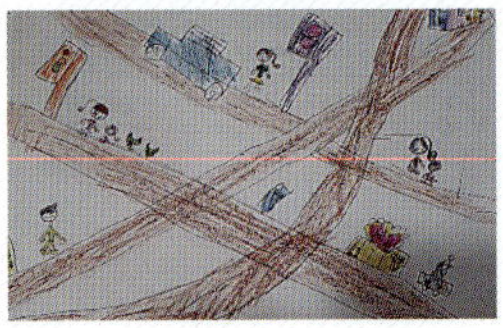

" 차가 다니는 길, 지하철이 다니는 길, 사람이 다니는 길이 있어."
" 지하철길은 서로 이어져 있어. 그리고 3호선과 2호선이 만나는 곳도 있어. 거기서 갈아탈 수 있는 거지."
" 지도에 색깔이 있는 길은 특별한 길이야. 고속도로도 있고 지하철도 있어."

유아들은 복도에서 테이프로 길 만들기를 시작하였다.

"테이프는 그냥 붙였다 떼기만 하면 되잖아요!"

"선생님, 색깔이 있는 테이프가 필요해요."
"노란색은 고속도로, 파란 선은 1호선, 초록 선은 2호선, 빨간 선은 3호선이야."

유아들은 벽에 테이프로 여러 가지 건물과 아파트를 만들었다.

"지하철에서 내리면 아파트가 있지."

"아파트는 바닥에 있는게 아니지. 서 있잖아!"
"그럼 벽에다 그려."

복도의 길은 점차 미로, 경사로 길 등 다양한 주제와 이야기를 담으며 진행되었다.
유아는 더욱 계속해서 길을 이어 나가기를 원하였다.

"선생님, 여기서 멈춰야 해요?"

교실에서 시작된 '길'은 계속해서 기관의 계단과 강당까지 이어졌다.

"한 번 들어가면 나올 수 없는 미로예요."

"경사로로 이어지는 길이야."

"이건 저 멀리서 부터 한 번도 안 끊기고 긴 길이지."

출처: 교육부(2019). 2019 개정 누리과정 놀이실행자료

● 위의 사진과 유아들의 이야기를 보며 유아의 경험과 배움 읽기를 해 볼까요?

CHAPTER 06

영유아를 위한 놀잇감

영유아를 위한 놀잇감

놀잇감은 놀이에 대한 흥미를 유발시키고 놀이를 효율적으로 진행시키는 매체로서 역할을 하는 물건을 지칭한다. 놀이 경험이 유아의 성장에 긍정적인 영향을 미치기 위해서는 교육적이고 안전한 놀잇감을 선택하거나 제작하여 활용해야 한다. 다양한 놀잇감과 놀이자료는 9장 놀이와 교사에서 다시 살피도록 하겠다.

1 놀잇감의 기준

유아용 놀잇감을 선택하거나 제작할 때 고려해야 할 기준은 다음과 같다.

1) 안전성

놀잇감의 기준으로 무엇보다 중요한 것은 안전성이다. 유아들은 위험한 상황에 대한 인식 능력이 부족하고 스스로 보호하는 능력이 미비하므로 유아의 안전을 위협하는 불량 놀잇감은 즉각 제거되어야 한다. 놀잇감의 안전성을 점검하는 기준은 다음과 같다.

① 재질 및 페인트

- 플라스틱이나 금속 재질로 된 놀잇감에 유해 성분은 없는가?
- 페인트가 잘 벗겨지거나 유해하지는 않은가?

② 강도

- 놀잇감을 떨어뜨리면 쉽게 망가지는가?
- 놀잇감에 부착된 부속물이 잘 떨어지는가?

③ 크기 및 무게

- 작은 부품을 유아가 입에 넣어 삼킬 위험이 있는가?
- 무거워서 떨어뜨릴 가능성은 없는가?

④ 모양

- 날카로운 모서리나 뾰족한 끝부분이 없는가?

⑤ 끝손질

- 나무 제품의 경우 표면이 매끄러운가?
- 헝겊 놀잇감은 바느질 처리가 잘 되어 있는가?
- 플라스틱이나 금속 제품의 접합 부분이 매끄러운가?

2) 적합성

놀잇감은 다음과 같은 측면에서 적합성의 조건을 갖추어야 한다.

- 유아의 발달 수준에 적합 : 놀잇감의 형태, 크기, 난이도가 유아의 신체적 · 정신적 발달에 적합해야 한다. 발달에 부적합한 놀잇감은 유아에게 좌절감을 주거나 놀이에 대한 흥미를 잃게 만들 수 있다.
- 유아의 흥미와 요구에 적합 : 놀잇감은 유아의 흥미와 관심을 끌 수 있도록 형태, 색상, 기능이 매력적이어야 유아가 싫증을 내지 않고 지속적으로 가지고 놀이를 한다.
- 사회적 · 문화적 가치에 적합 : 놀잇감은 유아의 사회 · 문화적 환경에 적합해야 한다. 즉, 고정된 성 역할 개념을 강조하는 놀잇감(예 의사는 남성, 간호사는 여성으로 표현된 인형), 유

아의 공격성을 자극하는 놀잇감(예 권총 탱크), 유아의 생활 환경에 맞지 않는 놀잇감 등은 바람직하지 않다.

- **다양한 용도, 독자적 활용에 적합** : 놀잇감의 활용도를 높이기 위해서는 놀이 방법이 한정된 놀잇감보다는 다양하게 활용될 수 있는 놀잇감이 적합하다. 또한 성인의 도움을 받지 않고 유아 스스로 조작하거나 이동할 수 있는 놀잇감이 적합하다.

3) 교육성

놀잇감은 유아의 신체, 인지, 정서, 사회성 발달을 촉진하는 교육적 기능을 해야 한다. 그러므로 놀잇감이 다음과 같은 교육적 기능을 하는지 살펴보아야 한다.

① 신체발달의 증진

- 놀잇감이 유아의 대 · 소근육의 운동능력 발달과 협응력을 촉진하는가?
- 다양한 동작을 자극하는가?
- 다양한 감각기관을 활용할 기회를 제공하는가?
- 유아가 신체활동에 즐겁게 참여하도록 유도하는가?

② 인지발달의 촉진

- 유아의 호기심을 유발하고 탐색 행동을 자극하는가?
- 유아에게 다양한 구체적 경험을 제공하는가?
- 유아가 다각적으로 생각하고 문제를 해결해 볼 수 있는 기회를 제공하는가?
- 유아의 상상력과 창의성을 고취시키는가?

③ 사회 · 정서발달의 증진

- 여러 명의 유아가 함께 가지고 놀 수 있는가?
- 유아가 놀잇감을 가지고 놀면서 성취감과 안정감을 느낄 수 있는가?
- 유아들 간에 언어적 · 사회적 상호작용을 촉진하는가?

4) 내구성

유아교육기관에 제공되는 놀잇감은 많은 유아들이 지속적으로 사용하므로 망가지는 경우가 많다. 따라서 놀잇감을 구입하거나 제작할 때는 놀잇감의 내구성을 고려해야 한다. 내구성은 놀잇감의 재질이나 구조, 각 부품의 견고한 부착 등에 의해서 결정될 뿐 아니라 보관과 관리가 얼마나 용이한가도 중요하게 작용한다. 즉, 놀잇감을 튼튼하게 잘 만드는 것도 중요하지만 보관과 관리를 하기 쉽도록 제작해야 놀잇감을 오래 사용할 수 있다.

2 놀잇감의 종류

연령별 놀이의 특성과 놀잇감의 종류는 다음과 같다.

1) 0~12개월 영아의 놀잇감

이 시기의 영아는 손과 입으로 사물을 탐색하는 놀이를 한다. 또한 소리에 대한 반응을 즐기므로 옹알이 놀이나 음악, 노래 소리에 반응을 보이기도 한다. 이 시기가 되면 영아는 보다 운동능력이 발달하여 밀고당기기, 공 굴리기 등의 다양한 운동놀이를 할 수 있다. 감각운동적 놀이의 반복과 단순 모방행동에서 즐거움을 찾는다.

2) 1세 영아의 놀잇감

1세 정도가 되면 혼자 걷게 되면서 이동 영역과 관심 대상이 점차 확대된다. 또한 성인의 행동을 모방하거나 그림책 보기를 좋아하며 눈과 손의 협응력이 발달하여 소근육을 이용하는 모양 맞추기, 블록 등을 즐긴다.

3) 2세 영아의 놀잇감

이 시기 영아는 대 · 소근육 운동능력이 증진되어서 걷기, 뛰기뿐만 아니라 계단을 기어서 올라가고 내려갈 수 있다. 따라서 다양한 운동기술을 시험해 볼 수 있는 다양한 놀잇감을 제공한다. 소근육을 이용한 놀이도 활발해지며 가족 역할과 가정생활에 대한 상상놀이, 감각놀이도 즐긴다. 또한 자신의 주장과 독립성을 많이 요구하는 시기이므로 자율성을 고려한 놀이활동과 놀잇감을 제공한다.

4) 3세 유아의 놀잇감

3세 유아는 상상력이 풍부하여 극놀이에 흥미를 나타내며 언어발달이 현저하게 증진되어 말하는 것을 즐기고 말놀이를 좋아한다. 또한 이 시기는 비의도적이기는 하지만 자신이 노력하여 얻은 결과에 관심을 많이 보이므로 다양한 미술 재료와 같은 성취감을 느낄 수 있는 놀잇감을 제공해 주는 것이 좋다.

5) 4~5세 유아의 놀잇감

4세 유아는 대 · 소근육 발달에 있어 보다 더 정교해지며 지적 자극에 민감하게 반응하는 시기이므로 학습과 연관되는 놀이에 흥미를 가진다. 또한 성인의 인정을 받고 싶은 욕구가 강해지면 자유롭게 탐색하고 창의적으로 표현하는 놀이를 좋아한다. 따라서 다양한 조형 놀잇감과 운동 놀잇감, 역할 놀잇감을 제공하여 놀이가 활발히 이루어지도록 해야 한다.

6) 5세 유아의 놀잇감

이 시기 유아는 자신의 운동기술을 다양하게 시험해 보는 놀이를 많이 하며 자기 중심적인 사고에서 점차 벗어나 타인과 협력하는 규칙성 그룹놀이를 좋아한다. 그 밖에 주변 세계에 대한 호기심이 많아서 돋보기나 저울, 온도계 등으로 관찰하고 실험하는 놀이를 즐긴다.

3 연령별 놀잇감의 종류

연령에 적합한 놀잇감의 예를 다음 그림과 같이 제시하였다.

| 표 5-1 | 연령별 놀잇감의 종류

0세아를 위한 영역별 놀잇감

영 역	놀잇감
탐색조작	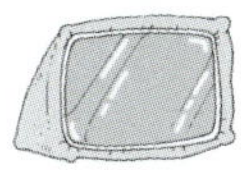 안전거울  딸랑이 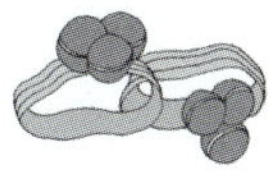 손목 딸랑이, 발목 딸랑이  촉감인형  모빌  천 혹은 플라스틱으로 된 그림책  오뚝이  (스펀지, 고무) 물놀이 용품
신체	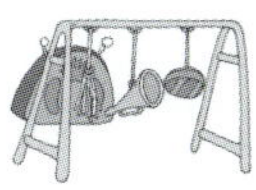 감각놀이틀  잡고 서는 놀잇감  헝겊 공  깨물고 노는 놀잇감(치아 발육기) 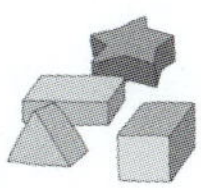 작은 스펀지 블록(보들이 블록) 3~4조각

1세아를 위한 영역별 놀잇감

영 역	놀잇감
탐색조작	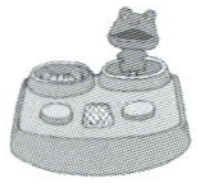 누르면 튀어나오는 놀잇감  부분만 보고 전체 알아맞히는 놀잇감  물과 모래 놀이대  한 조각 퍼즐  나무/플라스틱 큰 못 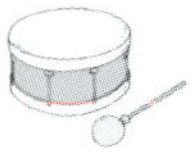 간단한 리듬악기 기구  음악상자(오르골)  모양 끼우기
창의	 컵, 접시, 냄비  물놀이 인형  색 크레용 판
신체	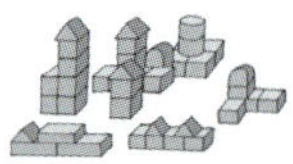 작은 적목 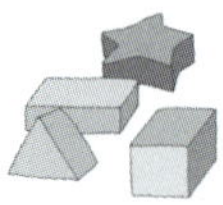 스펀지 블록  찍찍이 블록, 프리모 블록  작은 나무와 플라스틱 사람, 동물들 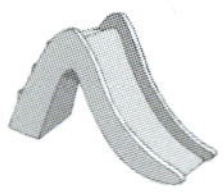 낮은 미끄럼틀  다양한 공  손수레  흔들말, 흔들물고기  끌차  유모차  가벼운 교통기관 놀잇감  승용자동차  영아용 그네

2세아를 위한 영역별 놀잇감

영 역	놀잇감
조작	 쌓기 컵 고리 쌓기  2~3조각 퍼즐 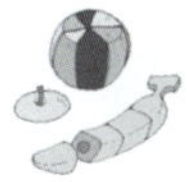 과일 자르기 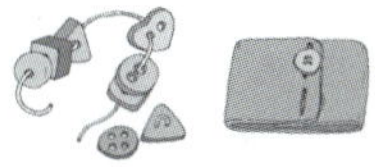 구슬 꿰기, 단추 끼우기  음악 녹음테이프와 녹음기  안전가위 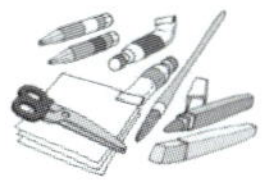 크레용, 물감, 그림 붓, 반죽, 가위, 색종이
쌓기	 종이 벽돌 블록  우레탄 블록 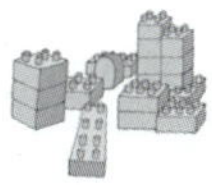 큰 조각 레고 블록  블록과 사용할 소품  운전대
역할	 가정용 소품(전화기, 부엌용품, 화장품 등)  밀가루 점토  인형, 인형옷과 소품  퍼펫  모자 가면
신체	 낮은 철봉, 사다리, 놀이집, 낮은 다목적 놀이틀 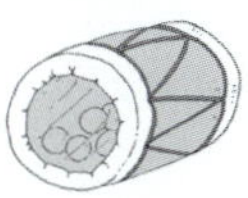 타고 오를 수 있는 공  세발자전거

3세아를 위한 영역별 놀잇감

영 역	놀잇감
조작	 일대일 대응, 분류를 위한 놀잇감  실 꿰기 놀잇감  패그보드  퍼즐(5~10조각)  점토
쌓기	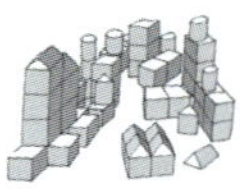 단위 적목 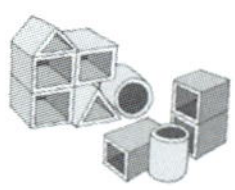 속이 빈 적목  작은 조각 레고 블록  나무/플라스틱 사람, 교통기관, 동물, 집, 공공기관  와플 블록
역할	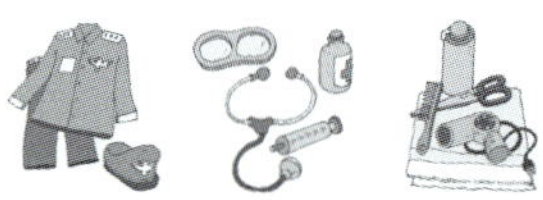 역할놀이를 위한 소품  막대인형  퍼펫  손가락인형
신체	 매트와 터널  낮은 농구골대  트램펄린  볼트, 너트 등의 간단한 목공 놀잇감

4, 5세아를 위한 영역별 놀잇감

영 역	놀잇감
조작	 수 이름 인식과 수 세기를 위한 놀잇감  서열화를 위한 놀잇감  글자 카드  탱그램 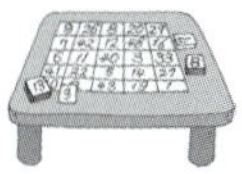 Table게임(빙고, 판 게임) 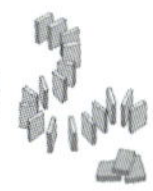 도미노  수수께끼 카드  기억카드게임  퍼즐(10~30조각)  바느질 놀잇감
쌓기	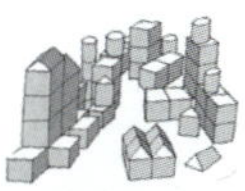 단위 적목 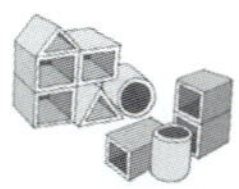 속이 빈 적목  작은 레고 블록  캐릭터 놀잇감  와플 블록, 꽃 블록, 끈 블록 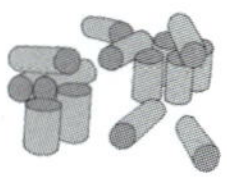 종이 원통 블록  교통표지판, 우주선
역할	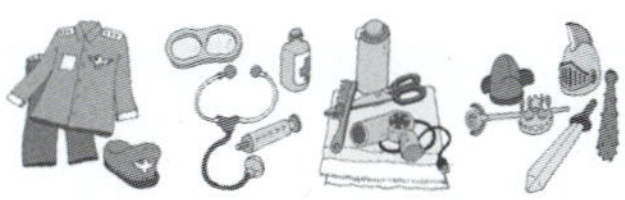 역할놀이, 동화놀이를 위한 소품 창의적 극놀이를 위한 소품
신체	 볼트, 너트, 톱, 망치, 접착제 등의 목공놀잇감 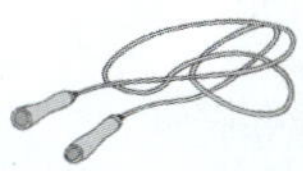 줄넘기 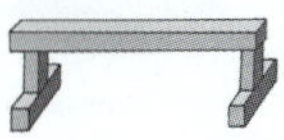 평균대 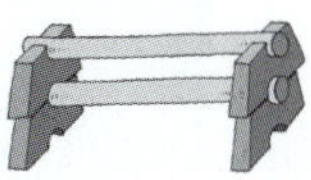 유니바 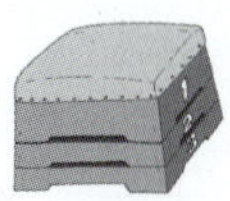 뜀틀  원반 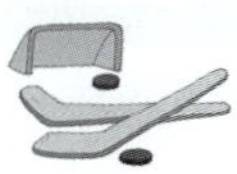 하키세트 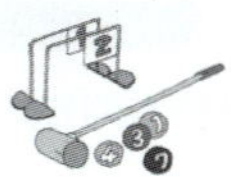 게이트볼 세트  야구놀이 세트

4 기능에 따른 놀잇감의 종류

놀잇감의 기능에 따라 학습 놀잇감(instructional learning toys), 자연물과 폐품, 구성 놀잇감(constuructional), 실물모형(replication), 대근육 놀잇감(gross-motor), 그리고 전자 놀잇감(electronic toys)으로 나누어 살펴본다(Bronson, 1995; Levin, 1998; Johnson et al., 1999; Moyer, 1995).

1) 학습 놀잇감

학습 놀잇감은 상품화된 놀잇감과 교사가 제작한 놀잇감으로서 영유아에게 특별한 기술이나 개념을 가르치기 위한 교육적 놀잇감이다.

눈과 손의 협응력, 퍼즐 쌓기, 놀잇감, 부분과 전체 혹은 크기의 개념을 알게 하는 놀잇감, 단추 끼우기와 신발 끈 묶기 등의 자조기술을 위한 자료, 색 구분과 색 이름 알기, 크기 순으로 배열하기, 분류 게임 등이다. 눈과 손의 협응력, 소근육 발달, 일대일 대응, 부분과 전체의 관계 이해하기 등을 돕는 놀잇감이다.

2) 자연물과 폐품

| 사진 5-1 | 자연물(나뭇잎과 나뭇가지)을 이용할 조형놀이활동

주변의 생활환경에서도 손쉽게 영유아에게 적합한 놀잇감을 찾을 수 있다. 우선 자연환경을 살펴보면 모래, 흙, 물, 점토, 솔방울, 나뭇잎, 자갈 등이 있다. 또한, 계절 변화에 따라 조개껍데기나 단풍잎 등 새로운 자료를 손쉽게 첨가할 수 있다. 자연물은 형태가 정해져 있지 않아 유아가 마음대로 융통성 있게 사용할 수 있어 좋다.

3) 구성 놀잇감

다양한 크기와 소재로 만들어진 적목, 플라스틱 블록, 종이벽돌 블록 등이 있다. 학습 놀잇감과는 달리 사용 방법이 정해져 있지 않고 다양한 방법으로 사용할 수 있는 비구조적인 놀잇감이다.

4) 실물모형 놀잇감

일상생활에서 사용되는 물체 혹은 텔레비전, 만화 주인공 등을 복사 · 모방하여 만든 캐릭터 놀잇감 등이 있다. 동물모형 소꿉놀이에 이용되는 인형의 집과 옷, 부엌용구, 교통기관 모형으로 자동차, 비행기, 상상적 모형인 슈퍼맨, 우주선 등으로 유아의 극놀이에 보조 자료로 흔히 사용된다.

5) 대근육 놀잇감

영유아의 대근육 발달과 활동을 돕는 놀잇감으로 바깥놀이에서 많이 사용된다. 자전거, 줄넘기, 야구 글러브와 배트, 다양한 크기의 공 등이 포함된다.

6) 전자 놀잇감

과학기술의 발달로 영유아의 놀잇감에도 많은 새로운 기술이 적용되고 있다. 오늘날 CD-ROM 백과사전, 컴퓨터, 녹음기 등이 영유아의 생활에도 깊숙이 자리 잡고 있다. 영유아에게 올바르게 전자 놀잇감을 사용하는 방법을 알려 주고 특히 영유아가 사용하는 소프트웨어 선정에 관심을 기울여야 한다. 영유아의 언어기술을 증진시키는 소프트웨어를 제공하고 수·과학 및 논리적 기술을 발달시키며 창의적인 표현을 증진하는 내용의 소프트웨어를 제공한다.

실습해 보기

● 영유아교육기관 관찰 후 놀잇감과 놀이환경에 대해 다음 내용을 기록해 보세요.

1. 관찰한 교실에는 어떤 놀이감과 놀이자료들이 있었나요?
   - 영역별 놀잇감

   - 영유아 놀이별 놀이자료

2. 어떤 놀이를 보았나요?
   - 놀이명:
   - 영유아수:
   - 놀이관찰내용

3. 기관 관찰 후 소감을 적어봅시다.

CHAPTER 07

놀이를 위한 실내·외 환경

놀이를 위한 실내·외 환경

놀이환경을 어떻게 구성하는가에 따라 영유아의 놀이 모습이 다양하게 나타날 수 있다. 영유아의 놀이를 위한 실내 · 외 환경구성에 대해 살펴본다.

1 놀이환경의 중요성 및 환경구성 원리

영유아는 오랜 시간 동안 어린이집에서 생활해야 하기 때문에 보육시설이 편안하고 안전해야 하며 발달에 적합한 환경으로 구성되어야 한다. 잘 마련된 물리적 환경은 영유아의 탐색이나 놀이를 촉진시킬 뿐 아니라 유아의 행동을 조절하는 기능을 하기도 한다. 물리적 환경은 인지발달에 중요한 역할을 한다. 각 영역별로 주어진 교재나 교구에 따라서 영유아들의 학습이나 놀이행동이 달라지므로 물리적 환경과 영유아의 행동과는 밀접한 관계가 있다. 또한 물리적 환경은 영유아와 성인(교사)과의 상호작용에도 영향을 주기 때문에 바람직한 교육을 위해서는 영유아들의 발달에 적합한 물리적 환경이 구성되어야 한다. 또한 영유아교육기관의 물리적 환경은 운영자의 교육철학과 보육목표를 달성할 수 있는 중요한 보육수단이 될 수 있으므로 환경은 영유아의 발달을 도와주고 그들의 생활 경험을 풍부하게 하는 조직적이고 합리적인 환경이 마련되어야 한다.

Frost(1986)는 환경 구성에 있어 흥미 영역 구성 시 건조하고 조용한 곳, 건조하고 활동적인 곳, 조용하고 물이 있는 곳, 활동적이고 물이 있는 곳으로 나누었다. 그리고 각 지역별 영역

구성을 다음과 같이 구분하였다.

- 제1영역(건조하고 조용한 곳) : 이야기 나누기, 책 보기, 쓰기활동, 수 조작
- 제2영역(건조하고 활동적인 곳) : 역할놀이, 음률놀이, 쌓기놀이, 목공놀이
- 제3영역(조용하고 물이 있는 곳) : 미술활동, 요리활동, 간식 영역
- 제4영역(활동적이고 물이 있는 곳) : 물 · 모래놀이, 물감놀이

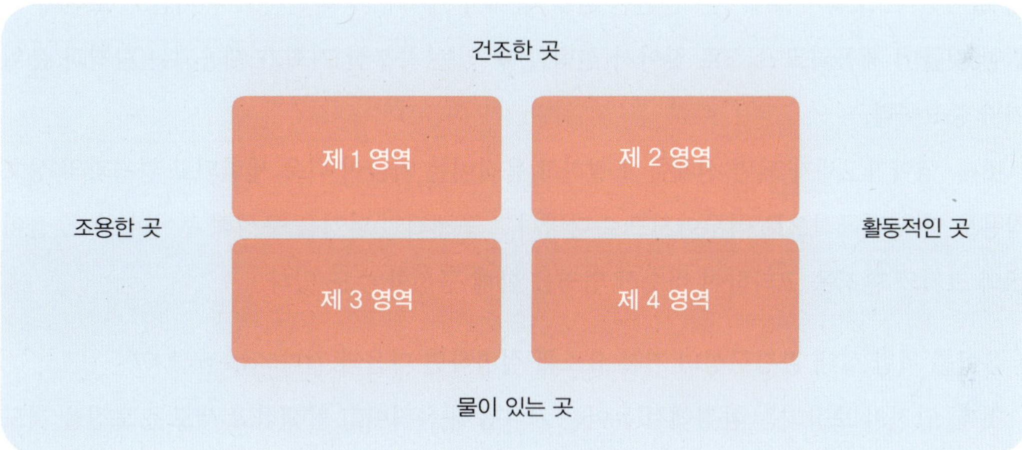

|그림 6-1| **흥미 영역의 배치 원리**

영아를 위한 환경을 구성할 때는 다음과 같은 사항을 고려해야 한다.

첫째, 영아가 정서적으로 안정감을 느낄 수 있도록 편안하며 영아의 발달에 적합해야 한다. 다양한 활동과 또래들과의 놀이를 즐기지만 혼자서 놀이에 몰두하거나 조용히 쉴 수 있는 개별 공간이 필요하기도 하다. 같은 연령이라도 개인에 따라 그 차이가 크므로 개별적 욕구가 충족되도록 환경이 제공되어야 한다.

둘째, 건강 및 안전을 고려한 환경이 제공되어야 한다. 면역력이 약한 영아들이 함께 생활하는 공간은 건강한 환경을 유지하기 위한 건강, 청결, 안전, 위생 관리가 지속적으로 이루어져야 한다. 발달에 따라 수유, 기저귀 갈이, 배변, 급 · 간식, 놀잇감 등의 제공이 프로그램에

서 다루어지므로 항상 청결하게 유지 · 관리되어야 한다. 영아는 성인에게 많은 부분 의존해 있지만 자유롭게 움직이고 활동하며 새로운 활동에 도전하고자 하므로 교사는 안전과 함께 견고한 놀잇감을 준비하며 동선을 고려하여 교구와 놀잇감을 배치해 주어야 한다.

셋째, 다양한 탐색과 학습을 위한 환경이어야 한다. 영아는 자유로운 이동을 하면서 다양한 물건을 가지고 놀이하나 오랫동안 집중하지 않고 이것저것 탐색한다. 차차 연령이 높아질수록 놀이나 물건에 대한 탐색과정의 선택이나 선호가 다양하거나 좁아지면서 집중시간이 길어진다. 보육시설에서는 안전한 환경 속에서 예측 가능하면서도 흥미롭고 도전해 볼 만한 것들이 제공되고 스스로 찾아서 선택할 수 있는 풍부한 기회가 제공되는 환경과 분위기가 중요하다.

넷째, 영아가 2세가 되면 신체를 조절하고 움직이는 기술이 더욱 세련되고 환경과의 상호작용도 더욱 적극적으로 이루어지므로 다양하고 구체적인 환경을 구성해 주어야 한다. 놀이실의 크기와 환경을 고려하여 비슷한 영역을 함께 구성할 수도 있다.

유아를 위한 실내 환경구성의 기본 요소를 설명하면 다음과 같다(Kostelnik, 1997).

첫째, 안전이 보장되는 환경에서 유아는 자유롭게 움직이고 탐색하고 새로운 도전을 시도할 수 있다. 교사도 이러한 환경에서 유아를 살필 수 있고 단순히 아동의 행동을 감시하기보다는 함께 놀 수 있다.

둘째, 건강을 유지할 수 있는 환경이어야 질병과 감염 가능성을 줄인다.

셋째, 편안함을 느끼며 생활할 수 있는 공간에서 유아와 교사는 편안히 쉬며 서로를 즐겁게 해 준다.

넷째, 편리하게 생활할 수 있도록 고려된 환경은 유아와 교사의 욕구를 충족시키고 활동하기에 편리하다.

다섯째, 아동의 신체 크기가 고려된 공간 속에서 유아 스스로 관심 있는 것을 탐구해 볼 수 있다.

여섯째, 융통성 있게 공간을 변경시킬 수 있어야 한다. 유아의 활동이나 관심이 변화할 때

마다 공간을 재정리함으로써 융통성 있는 환경을 만들어 준다.

일곱째, 이동성이 보장되는 공간 속에서 유아는 신체적 기술을 연습해 볼 수 있으며 사고 능력을 발달시킨다.

여덟째, 유아의 요구에 따라 놀잇감이나 활동을 선택할 수 있는 공간이어야 한다.

아홉째, 개인적 생활이 보장되는 공간이 준비되어서 유아가 지치고 피곤할 때 쉴 수 있어야 한다.

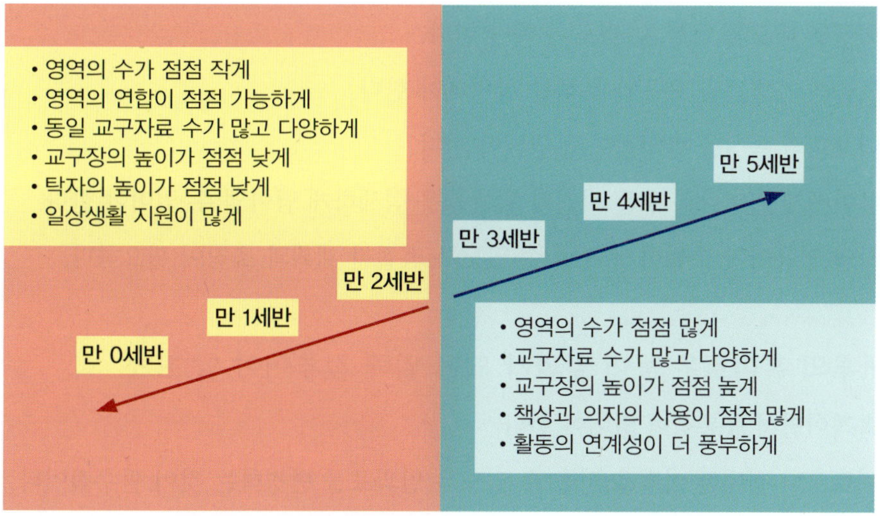

| 그림 6-2 | 영역 구성을 위한 놀이 연령별 참고사항

▶ 하루 일과 구성 원리

먼저 기본적인 욕구 충족을 바탕으로 하며 건강하고 안전한 보호를 중시해야 하고 영유아의 생활리듬을 고려하여 편안하고 유익한 일과 계획을 구성해야 한다. 또한 전인적 발달을 촉진할 수 있어야 하며 여러 교육활동이 상호 연계된 프로그램이 바람직하다. 발달 연령에 맞는 보육프로그램이 제공되어야 하고 지역사회의 특징을 고려한 보육 기능의 역할을 하는 것이 바람직하다. 마지막으로 가정 복지를 실현할 수 있도록 해야 한다.

- 생리적 욕구(식사, 낮잠, 휴식, 배변)를 충족해 주어야 한다.
- 전인적인 발달을 촉진할 수 있어야 하며 발달 수준이 고려되어야 한다.
- 보호와 교육은 분리될 수 없으므로 일상생활 속에서 통합되어 다루어지도록 한다.
- 편안함과 안정감, 따뜻함을 느낄 수 있어야 한다.
- 생활에 피로가 쌓여서 심신의 건강을 해치는 일이 없도록 유의해야 한다.
- 신체, 정서적인 측면이 강조된 기본적인 생활이 고려되어야 한다.
- 건강, 영양, 안전, 위생 등의 기본생활습관의 태도를 형성하도록 도와야 한다.
- 사회생활 태도를 익힐 수 있도록 해야 한다.
- 부모들의 개별적인 요구와 특성을 반영해야 한다.
- 지역사회의 특성을 반영하여 운영해야 한다.
- 영유아에게 일어나는 모든 사건과 활동들을 섬세하게 담아낼 수 있어야 한다.
- 교사와 영유아가 수월하게 지낼 수 있도록 적절한 계획과 조직이 필요하다.

▶ 하루의 흥미로운 놀이 일과가 되기 위해 갖추어야 할 요소

- 지속적이면서 융통성이 있어야 한다.
- 놀이로부터 최대한 이익을 얻을 수 있도록 일과표를 변경하는 것이 필수적이다.
- 동적인 활동과 정적인 활동이 균형을 이루어야 한다.
- 자유놀이의 기회를 많이 제공한다.
- 영유아 스스로 놀이를 시작하고 참여할 수 있도록 도와야 한다.
- 발달에 적합한 활동의 양을 제공한다.
- 놀이를 마무리하도록 몰아세워서는 안 된다.
- 하루 일과는 개인적인 욕구에 기초해야 한다.
- 교사는 각 유아의 개인적인 식사 패턴이나 요구를 주의 깊게 관찰해야 한다.

교사가 하루 일과를 계획해야 하는 이유는 하루를 조직할 수 있고 하루가 부드럽게 진행되도록 도와야 하기 때문이다. 교사와 유아가 스트레스를 덜 받고 즐겁게 지내도록 도울 수 있으며 사건의 순서를 세울 수 있는 점도 있다. 식사시간 전에 미리 손을 씻는 준비를 하는 것과 같이 일과를 미리 알 수 있고 정적 활동, 동적 활동의 순서를 조절할 수 있다. 놀이가 얼마나 오랫동안 지속되는지를 알려 주기도 하고 수업의 융통성을 발휘할 수도 있다. 영유아들이 예견하는 것을 배우도록 하게 하고 다음 번에 무엇을 할 것인지 유아들이 미리 알 수 있다. 따라서 환경을 신뢰하고 탐색하며 학습할 수 있어 안정감을 줄 수 있다. 영유아가 자기 주변에 일어나고 있는 일을 관찰하게 되고 자기 주변의 세상에 대한 감각을 키울 수도 있게 된다. 시간에 대한 감각을 가질 수 있고 영유아들이 자신들에게 기대되는 것이 무엇인지 알도록 도움을 줄 수도 있으며 활동이 바뀌더라도 당황하지 않게 되는 효율성을 가질 수 있다.

|표 6-1| 놀이계획 및 평가표 예

(　　) 월 (　　) 일　날씨 (　　　　)　(　　) 반　이름 (　　　　　　)

영 역		계 획	평 가
쌓기	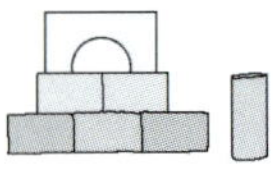		
역할			
언어			
수 · 조작			
과학	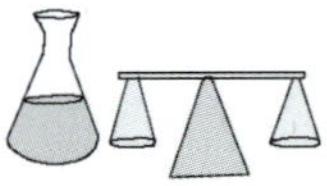		
조형			
음률			
컴퓨터			
실외	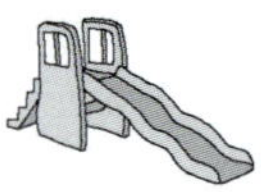		

| 표 6-2 | 주간놀이 계획 및 평가표

날 짜 :　　　월　　　일　~　　　일
이 름 :

영역 \ 요일		월	화	수	목	금
언어	계획					
	평가	☺ 😐 ☹	☺ 😐 ☹	☺ 😐 ☹	☺ 😐 ☹	☺ 😐 ☹
과학	계획					
	평가	☺ 😐 ☹	☺ 😐 ☹	☺ 😐 ☹	☺ 😐 ☹	☺ 😐 ☹
수 · 조작놀이	계획					
	평가	☺ 😐 ☹	☺ 😐 ☹	☺ 😐 ☹	☺ 😐 ☹	☺ 😐 ☹
쌓기놀이	계획					
	평가	☺ 😐 ☹	☺ 😐 ☹	☺ 😐 ☹	☺ 😐 ☹	☺ 😐 ☹
음률	계획					
	평가	☺ 😐 ☹	☺ 😐 ☹	☺ 😐 ☹	☺ 😐 ☹	☺ 😐 ☹
창의적 놀이	계획					
	평가	☺ 😐 ☹	☺ 😐 ☹	☺ 😐 ☹	☺ 😐 ☹	☺ 😐 ☹
미술	계획					
	평가	☺ 😐 ☹	☺ 😐 ☹	☺ 😐 ☹	☺ 😐 ☹	☺ 😐 ☹
역할놀이	계획					
	평가	☺ 😐 ☹	☺ 😐 ☹	☺ 😐 ☹	☺ 😐 ☹	☺ 😐 ☹
컴퓨터	계획					
	평가	☺ 😐 ☹	☺ 😐 ☹	☺ 😐 ☹	☺ 😐 ☹	☺ 😐 ☹

유아들이 작성한 자유선택놀이표의 예이다.

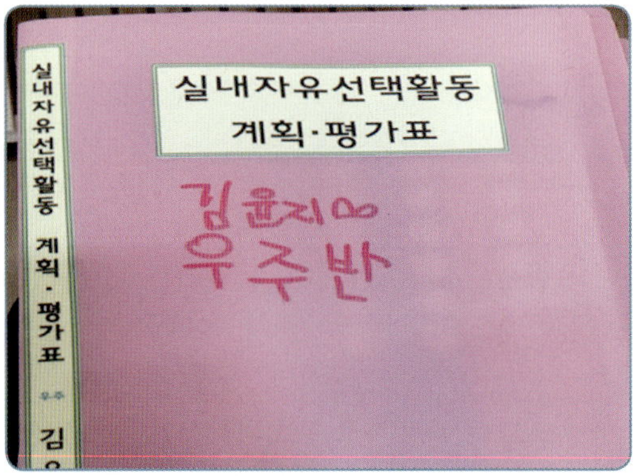

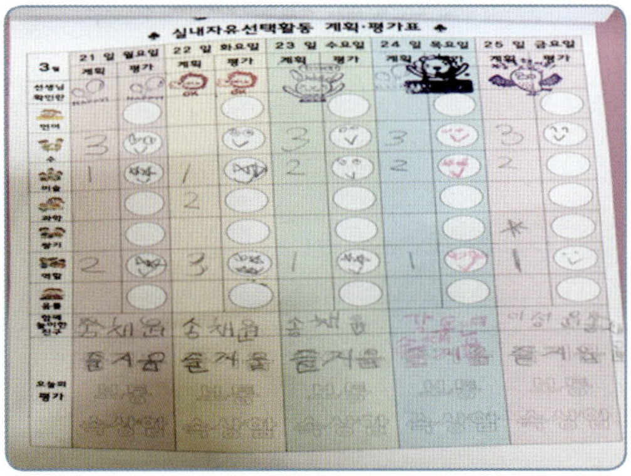

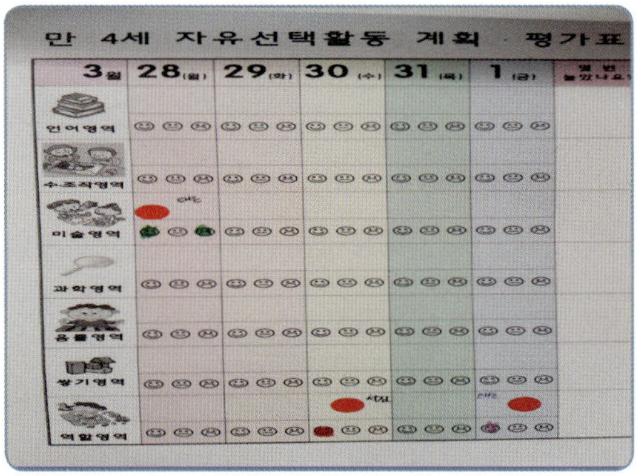

2 영유아를 위한 놀이환경

1) 영아반을 위한 환경구성

영아의 기본 욕구와 활동성 및 감각적인 탐색활동을 장려할 수 있는 공간이 제공되어야 하며, 집과 같은 분위기를 조성하여 영아가 편안하며 개별적인 보호를 받을 수 있는 곳이어야 한다. 영아반 환경구성을 위해서는 다음과 같은 점에 유의해야 한다.

- 영아의 발달에 적합한 환경이어야 한다.
  영아의 발달 특성상 생리적 욕구에 기초한 기저귀 갈이와 낮잠, 수유, 식사 영역 등의 생활 영역은 기본적으로 구성되어야 한다.
- 건강 및 안정을 고려한 환경이어야 한다.
  신체적으로 면역성이 약하고 장시간 동안 많은 영아들과 생활하기 때문에 건강한 환경을 위한 청결 및 위생관리가 무엇보다도 중요하다.
- 정서적 안정감을 주는 환경이어야 한다.
  영아가 가정과 같은 편안함과 안정감을 느낄 수 있는 아늑한 환경 조성이 필요하다.
- 탐색을 위한 환경이어야 한다.
  자유로운 이동을 통해 여러 가지 물건을 만져 보고 던져 보고 한 가지 물체나 활동에 오래 집중하지 않고 이것저것 탐색하는 행동을 할 수 있는 환경이어야 한다.
- 움직임과 이동성을 고려한 환경이어야 한다.
  영아가 갖고 있는 움직임과 이동의 욕구를 적극적으로 수용하고 다양한 대 · 소근육 활동을 함으로써 신체조절능력을 증진시킬 수 있도록 자극하고 지원하는 환경을 말한다.

(1) 영아반을 위한 실내환경

- 정적인 영역 : 기저귀 교환 테이블, 유아용 침대, 모빌, 수도가 있는 싱크대, 흔들의자
- 동적인 영역 : 유아용 의자, 작고 받침대가 있는 기어오르는 기구, 장난감과 거울, 흔들의자, 작은 테이블과 의자
- 그 밖의 기구들 : 성인용 부엌, 유아 크기의 싱크대, 개별적으로 아늑한 곳, 거울, 보행기, 게시판, 이젤, 유아용 변기, 장난감을 두는 작은 선반

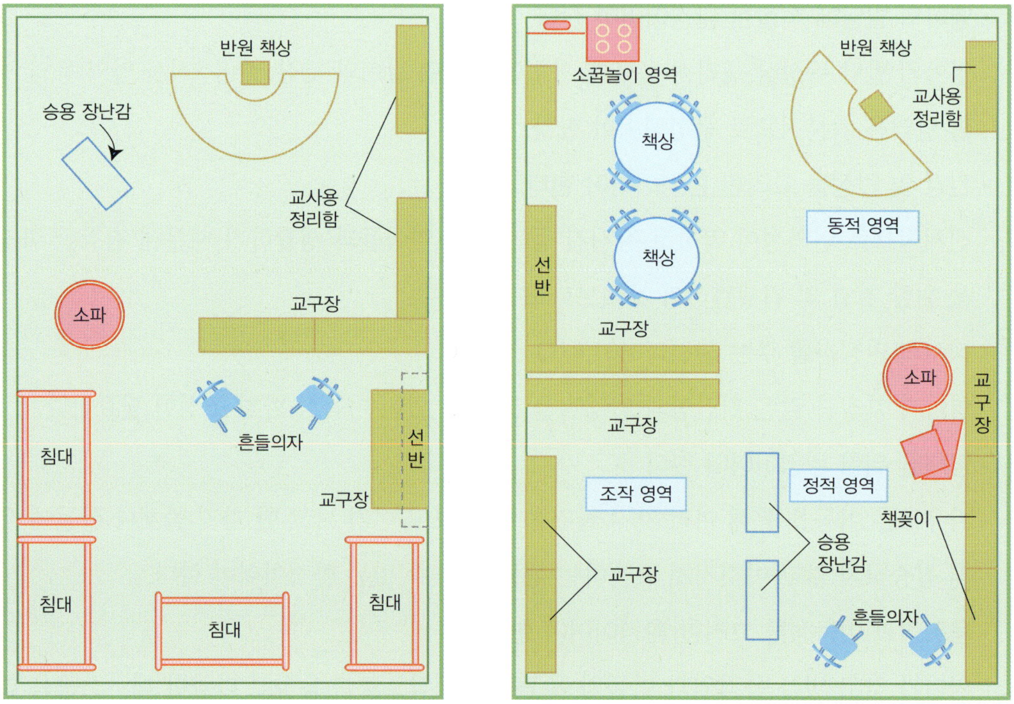

|그림 6-3| 영아반 환경

출처 : Wortham(1998: 127). Early childhood curriculum: Developmental bases for learning and teaching.

|사진 6-1| 영아반 환경

2) 유아반을 위한 환경구성

- 실내환경을 구성함에 있어 유아교육 환경 내의 물리적인 경계뿐 아니라 영역 내에 포함되는 교구 · 교재에 의해 구성 · 배치된 흥미 영역으로 구성할 수 있다.
- 실외환경 구성은 동적인 활동이 이루어질 수 있도록 신체를 단련할 수 있는 놀이터를 마련한다.

(1) 유아반을 위한 실내환경

- 정적인 영역 : 수족관, 책과 책꽂이, 게시판, 카펫 영역, 조작 재료들, 카세트와 이어폰, 퍼즐, 미술재료, 이젤책상과 의자, 퍼펫, 인지발달용 교재들, 과학기구, 장난감
- 동적인 영역 : 크고 작은 블록, 집단 게임도구, 음악용 악기, 테이블과 의자, 차와 트럭, 가정용품, 극놀이 기구, 카세트테이프
- 그 밖의 기구들 : 장난감 의자, 개인용의 아늑한 곳, 낮잠용 간이 침대, 장난감 선반, 교사용 보관 영역, 이동할 수 있는 대근육 운동기구

| 사진 6-2 | 만 4세 어린이집 실내환경

| 사진 6-3 | 만 5세 어린이집 실내환경

3 영유아를 위한 흥미 영역 구성

놀이를 활성화하기 위해 영유아의 흥미 중심으로 영역을 구분하여 환경을 구성하는 것이 바람직하다. 흥미 영역은 기관의 교육목적, 교육과정 운영, 영유아의 흥미 또는 교사의 판단에 따라 달라지고 사정에 따라 변화될 수 있다. 영유아의 발달 수준과 흥미 및 교사의 능력에 따라 다르며 주기적으로 변화 · 추가 · 수정되어야 하므로 정해진 기준을 제시하기는 어렵다.

일반적으로 활동 영역에는 소꿉놀이 영역, 음률놀이 영역, 조작놀이 영역, 과학 영역, 쌓기놀이 영역, 목공놀이 영역, 언어 영역, 미술 영역, 물놀이 영역, 모래놀이 영역, 컴퓨터 영역 등이 있으며 내용은 다음과 같다.

1) 역할놀이 영역

영유아는 역할놀이(소꿉놀이)를 통해 실생활의 역할을 연장하고 다양한 역할을 해봄으로써 내적인 욕구를 표현하고 자아를 성취하며 책임감을 발달시킬 수 있다. 다양한 어휘를 사용함으로 언어발달에도 도움이 된다. 영유아가 자신의 경험이나 희망, 요구에 따라 자유롭게 놀이를 구성하고 표현하면서 부정적 감정을 발산해 정서적 안정과 창조력도 키울 수 있다. 역할놀이를 통해 가족의 역할 및 자신이 흥미롭게 느꼈던 사건이나 경험을 재현하며 언어적 상호작용 및 사회성 발달을 촉진할 수 있고 문제 해결 및 창의성이 증진된다.

| 사진 6-4 | 역할놀이 영역

2) 음률 영역

음률활동은 정서적 감정을 풍부히 하고 감각 기능을 발달시킨다. 이 영역은 다양한 악기를 구비한 곳으로 음을 만들고 듣고 몸을 움직이며 함께 연주하는 곳이므로 시끄럽고 건조한 곳에 둔다. 바닥은 마룻바닥이나 카펫을 깔아 주는 것이 좋다. 악기 장을 마련해 주고 각 악기의 위치에 악기 그림이나 악기의 윤곽을 그려서 붙여 주어 유아 스스로 사용한 후에 정돈할 수 있도록 한다. 음률 영역을 통해 음악을 듣고 노래 부르며 여러 가지 악기를 자유롭게 탐색할 수 있다.

| 사진 6-5 | 음률 영역

▶ 신체표현

움직이면서 자신의 생각과 느낌을 표현하므로 억제된 감정을 해소할 수 있다.

| 사진 6-6 | 음악에 맞추어 신체표현하는 모습

3) 조작놀이 영역

조작놀이는 앉아서 하는 동안 긴장이 풀리고 활동에 열중할 수 있으며 수의 조합, 계산, 기하학적 개념, 크기, 색채, 위치, 형태 등에 대한 개념과 비교능력을 발달시켜 논리-수학적 사고의 발달을 돕는다. 눈과 손의 협응능력을 발달시키며 창의적인 구성능력을 배양하고 시각 · 촉각 등 감각기관을 발달시키고 주의력과 인내력을 키울 수 있다. 언어, 수 · 과학 영역과 인접하여 조용하고 건조한 곳에 배치한다. 큰 적목이나 공간 적목 등은 대근육의 발달을 돕지만 조작 놀잇감은 소근육 발달 및 개념발달을 돕는다. 수 · 조작 영역을 통해 여러 가지 조작물이나 카드자료를 이용하는 놀이로서 짝짓기, 분류, 비교, 기본 수 세기 등의 활동을 즐길 수 있다.

| 사진 6-7 | 조작 영역 및 교구를 가지고 놀이 중인 모습

4) 과학 영역

과학학습은 유아 주변 어느 곳에서나 이루어질 수 있다. 과학 영역에서 영유아는 자연물을 보고 만지고 감상 · 탐구함으로써 동물과 식물, 생물과 무생물, 물질의 성질 등에 대해 이해가 되는 것이다. 줄자, 막대자, 계량컵, 수저, 저울, 온도계, 체온계 등과 같은 측정도구와 시험관, 비커와 같은 실험 자료도 비치한다.

과학 영역을 통해 동 · 식물 기르기, 관찰하기, 여러 가지 기구와 재료를 가지고 실험 및 탐색할 수 있다.

| 사진 6-8 | 과학 영역 및 수족관을 탐색하는 모습

| 사진 6-9 | 물의 흐름을 탐색할 수 있는 교구

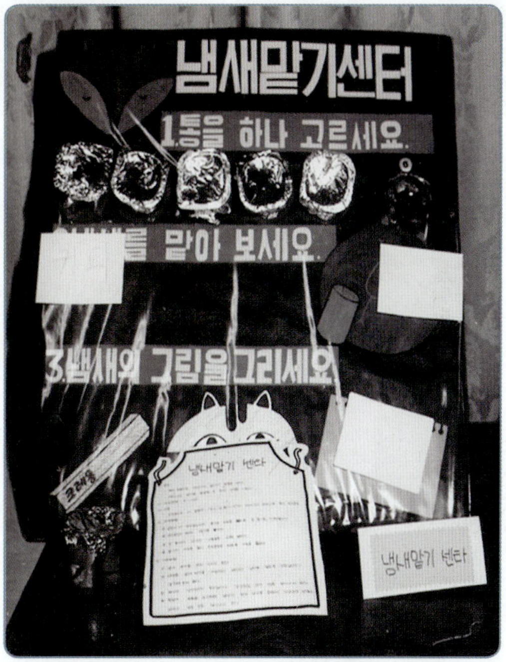

| 사진 6-10 | 냄새를 통한 관찰 및 탐색

| 사진 6-11 | 생물관찰 및 키우기

▶ 요리

재미있는 요리활동을 통해 재료의 변화과정을 관찰할 수 있고 과학적 사고도 키울 수 있다. 또한 요리활동을 통해 통합교육을 할 수 있다.

| 사진 6-12 | 요리활동하는 유아들

5) 쌓기놀이 영역

다양한 블록과 소품을 적절하게 제공하여 자유롭고 창의적인 활동을 할 수 있도록 하고 쌓기놀이를 통해 긍정적 자아개념을 형성할 수 있다.

| 사진 6-13 | 쌓기놀이 영역 및 쌓기놀이하는 모습

적목은 깨지는 물건이 아니기 때문에 구조물을 만들었다가도 무너뜨리고 싶은 욕구를 자유롭게 발산하게 하며 쌓고 무너뜨리는 과정을 통하여 욕구 충족과 건설의 의지를 고무시킨다. 영유아는 쌓기활동을 통해 협동적 활동의 증가와 사회 습관을 형성하며 책임감을 키울 수 있다. 구조물을 만들기 위해 정확한 관찰력과 측정 기술을 익히게 되므로 도형, 크기, 비율에 대한 개념을 발달시킬 수 있다.

6) 목공놀이 영역

초기에는 나무를 사용하는 것이 힘들기 때문에 스티로폼 조각에 못으로 망치질을 하게 하면 쉽게 놀이를 할 수 있다. 영유아는 나무를 자르고, 붙이고, 못질하고, 무엇인가를 만들어 보면서 나무의 성질과 촉감, 특성 등을 알 수 있다. 위험성이 따르는 작업이므로 교사는 안전관리에 특히 신경을 써야 한다.

7) 언어 영역

책장은 영유아의 흥미에 맞춰 유아가 스스로 책을 선택하고 다 본 후 제자리에 놓을 수 있도록 영유아의 키에 맞게 낮게 하고 양면 책꽂이는 책의 전면에 전부 보이도록 진열하며 개

| 사진 6-14 | 언어 영역

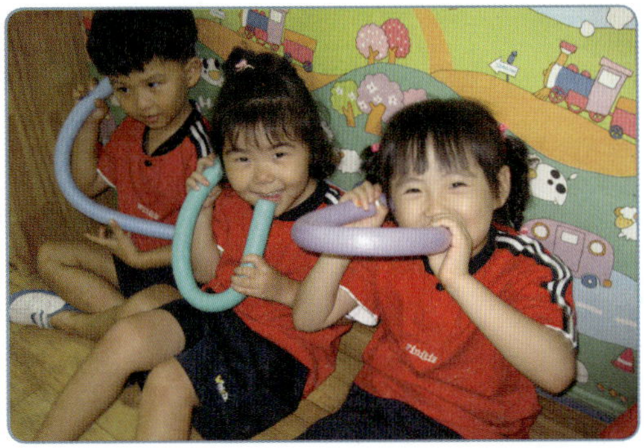

| 사진 6-15 | 언어 전달놀이 하는 모습

| 사진 6-16 | 이야기 나누기 시간, 선생님의 이야기에 모두 집중하고 있는 모습

방할 수 있으며 영역 간 구분을 할 수 있다. 조용하고 밝고 따뜻하고 안정된 분위기에서 집중할 수 있도록 꾸민다.

언어 영역을 통해 듣기, 말하기, 읽기, 쓰기의 다양한 활동을 통해 언어능력을 발달시킬 수 있으며 상상력을 자극할 수 있다.

▶ 동화 듣기

영유아들이 가장 좋아하는 매체로서 동화를 들으며 언어발달 및 상상력 발달 향상에 도움이 된다.

| 사진 6-17 | 선생님과 함께 동화 듣기, 동화책 보기

8) 미술 영역

미술놀이를 하는 동안 유아는 현재의 감정 상태와 상상을 표현함으로써 욕구불만과 공격성을 해소시켜 정서적 만족을 얻을 수 있으며 자신의 작품과 타인의 작품을 감상하는 동안 심미감이 육성된다. 손가락 그림, 물감 그리기, 풀칠하기, 판화, 점토, 만들기, 꾸미기 등의 다양한 활동이 이루어지므로 활동적이고 물을 사용할 수 있는 곳에 배치한다.

조형활동 영역을 통해 만들기, 그리기, 칠하기, 구성하기 등의 미술활동을 통해 즐거움을 느낄 수 있다.

| 사진 6-18 | 미술 영역

| 사진 6-19 | 미술 영역에서 활동 중인 모습

9) 물놀이 영역

물은 싸고 손쉽게 준비할 수 있는 놀이 자료로서 영유아가 모두 좋아한다. 크고 작은 도구를 사용하여 실험해 보고, 띄워 보고, 씻고, 목욕시키고, 뿜어 올리고, 휘저어 보며 대·소근육을 발달시키고 다양한 감각 경험을 갖게 해준다.

| 사진 6-20 | 여름철 물놀이하는 유아들

10) 모래놀이 영역

모래놀이는 자연 세계를 이해하고 사회 · 정서적 발달을 촉진한다. 다른 영유아와 경쟁하지 않는 모래놀이 활동은 유아에게 독립심, 문제 해결 능력, 창의력을 키워 주며 자신의 능력을 긍정적으로 생각하고 평가하는 기회를 제공한다. 영유아들이 모래를 머리에 뿌린다거나 손으로 눈을 비비거나 모래를 먹는 등 위험한 경우가 생길 수 있으므로 조심스럽게 감독해야 한다.

▶ 물 · 모래놀이 활동으로 얻을 수 있는 효과

- 부피와 무게를 가진 물과 모래를 통해 인지발달을 촉진할 수 있다.
- 주의집중력을 신장시킨다.
- 정서발달에 효과가 있으며 긴장감을 해소할 수 있다.
- 상상하고 생각한 것을 실패의 두려움 없이 활동하는 것을 배울 수 있다.
- 긍정적인 자아개념 확립에 도움이 된다.
- 촉감적 감각경험을 제공한다.
- 사회성 발달과 언어발달을 촉진한다.
- 물을 쏟고 뿌리고 뒹굴며 대 · 소근육 발달 및 협응력을 키워준다.

| 사진 6-21 | 옥상에 있는 모래놀이 도구

11) 기본 환경구성 자료

날짜판, 날씨판, 생일판, 당번 표시판, 간식판, 게시판 등의 기본 환경구성 자료를 준비한다.

| 사진 6-22 | 기본 놀이환경 구성 자료

4 실외환경

영유아교육기관의 실외 공간은 영유아에게 개념 학습의 기회, 기술과 사회적 관계의 발달 기회, 창작 활동의 참여 기회, 놀이활동을 통해 즐기는 기회를 제공하므로 영유아를 위해서 필수적인 공간이며 실내 공간의 연장으로서 영유아의 전인 발달에 도움을 주고 안전해야 한다.

실외 놀이터에는 복합 놀이기구, 그네, 흔들말, 정글짐, 미끄럼틀 등의 놀이 기구를 설치할 수 있으며, 세발자전거와 영아용 유모차 등을 비치할 수 있다. 다양한 기구들은 아이들이 근육을 사용하여 협응능력을 기르는 데 도움을 준다. 미는 장난감, 기어오르는 기구, 그네, 장난감 집, 모래 파내는 도구 등은 실외 영역의 기본적인 기구들이다. 종합 놀이대는 여러 아동이 동시에 즐길 수 있고 다양한 활동을 할 수 있다. 또 아름다운 색상이나 모양으로 아동의 흥미를 끌어 외부 사람으로 하여금 그곳에 영유아교육기관이 있음을 알려 주는 기능도 한다.

▶ 실외놀이활동

- 제한된 공간을 벗어나 놀이하면서 긴장감을 해소할 수 있다.
- 하루 2회 이상 실외놀이 계획을 하는 것이 바람직하다.
- 교사는 안전을 위하여 늘 긴장하고 사고에 대처할 수 있어야 한다.
- 자연의 변화를 관찰할 수 있다.

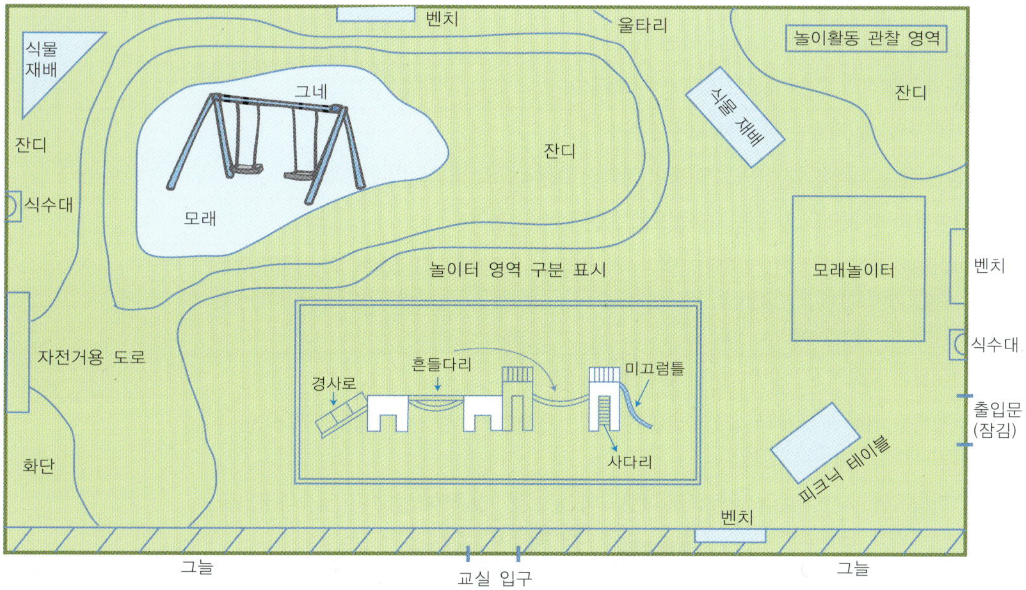

| 그림 6-4 | 유아를 위한 실외놀이 환경구성

출처 : White, C. S., & Coleman, M. (2000), p.313.

| 사진 6-23 | 영아를 위한 실외놀이 환경구성

| 사진 6-24 | 유아들과 함께 만든 실외놀이 환경

|표 6-3| 보육시설 놀이환경 점검표

점검 내용	예	아니오	비고
1. 보육실에 자연 채광이 충분하고 조명시설이 적절하며 제대로 작동하는가?			
2. 환경구성은 주제에 맞게 구성되었나?			
3. 보육실 내의 게시물은 유아의 눈높이에 맞게 전시되었는가?			
4. 각 영역의 교재 · 교구는 스스로 정리할 수 있도록 되어 있는가?			
5. 교실환경은 따뜻하고 안정된 느낌을 주는가?			
6. 교실의 벽면과 공간을 잘 활용하였는가?			
7. 아동의 개별성이 존중되는가?(예 개인 사물함이 있고 휴식 영역이 있다)			
8. 교사의 서류 및 자료는 잘 정돈되어 있는가?			
9. 다양한 활동 경험을 할 수 있도록 흥미 영역이 효율적으로 배치되어 있는가?			
10. 유아들이 각 영역의 자료를 자율적으로 사용할 수 있는가?			
11. 언어활동 자료가 듣기, 말하기, 읽기, 쓰기의 네 영역별로 다양하게 마련되어 있는가?(예 카세트테이프/손인형, 막대동화/종이, 굵은 연필, 색연필/다양한 크기와 종류의 그림책, 헝겊책 등)			
12. 언어활동 자료가 영유아의 수에 따라 충분히 있는가?			
13. 수활동을 위한 자료가 다양하게 마련되어 있는가?(예 커다란 단추, 병뚜껑, 다양한 수게임 자료, 주사위와 판 등)			
14. 과학활동을 위한 자료가 다양하게 마련되어 있는가?(예 자석, 돋보기, 돌, 나무껍질, 조개껍데기, 살아 있는 곤충, 키울 수 있는 동식물 등)			
15. 미술활동을 위한 자료가 다양하게 마련되어 있는가?(예 크레파스, 색연필, 풀, 수수깡, 빨대, 색실, 가위, 폐품류, 점토 등)			
16. 음악과 동작활동을 위한 자료가 다양하게 마련되어 있는가?(예 리듬막대, 탬버린, 실로폰, 음악테이프, 카세트 플레이어, 그림악보, 색 보자기, 리본 테이프 등)			
17. 음악과 동작활동을 위한 자료가 충분히 있는가?			
18. 극놀이를 위한 자료가 다양하게 마련되어 있는가?(예 이야기의 전개에 필요한 다양한 소품들, 옷, 모자, 배경그림 등)			
19. 역할놀이를 위한 놀잇감이 다양하게 마련되어 있는가?(예 다양한 복장의 옷, 다양한 구두와 신발류와 장신구, 가방류, 모자류, 음식 모형, 그릇류, 인형류 등)			
20. 쌓기놀이를 위한 놀잇감이 다양하게 마련되어 있는가?(예 종이 블록, 유니트 블록, 속빈 블록, 우레탄 블록, 작은 자동차나 표지판, 동물 모형 등)			
21. 보육실 내에 놀이를 하고 싶지 않은 영유아가 혼자 쉴 수 있는 공간이 있는가?			

출처 : 평가인증사무국.

※ 위 점검표를 기본으로 하되 교실의 영유아 놀이주제에 따라 융통성 있게 점검할 수 있음

CHAPTER 08

놀이에 영향을 미치는 요인

놀이에 영향을 미치는 요인

영유아의 놀이에 영향을 미치는 요인으로는 크게 사회적 환경요인과 물리적 환경요인을 들 수 있다. 사회적 환경요인으로는 또래, 교사, 부모 등을 들 수 있고 물리적 환경요인으로는 놀이공간 및 배치 놀잇감 등을 들 수 있다. 또 영유아가 속해 있는 사회문화적 요인 등을 들 수 있다.

1 사회적 환경요인

1) 또래의 영향

영유아의 사회 · 인지발달 정도는 또래와의 상호작용에 영향을 미친다. 일반적으로 영유아는 동년배의 영유아와 놀이할 때보다는 자신보다 나이가 많은 영유아와 놀이할 때 보다 정교하고 성숙된 유형의 놀이행동을 하고 자신보다 어린 영유아들과 놀이를 하고 말을 할 때 나이 많은 영유아는 간단한 언어를 구사하려고 노력한다.

Hartup(1983)에 의하면 놀이 대상자의 연령보다는 놀이 대상자의 친숙함이 놀이행동에 좀 더 많은 영향을 미친다고 한다. 예를 들면, 혼자 있을 때보다는 친한 친구와 놀이할 때 놀잇감을 좀 더 다양하게 사용하며 역할놀이에서도 친한 친구가 있으면 놀이행동이 더 다양해지고 성숙된 놀이를 하고 더 오래 지속된다.

2) 또래의 성과 연령

유아는 동성의 또래를 선호하며 비슷한 연령의 또래와 놀이하는 것을 선호한다. 놀이에서 동성 또래 선호로 인하여 교실에서 여아는 여아들과 남아는 남아들과 노는 모습들을 쉽게 관찰할 수 있다. 그러나 동성 또래와의 놀이뿐만 아니라 혼성놀이 또한 유아에게 다양한 사회적 기술을 알려 준다는 점에서 유아에게 동성 또래뿐만 아니라 이성 또래와의 상호작용을 촉진시키는 것이 중요하다. 따라서 교사는 교실에서 여아와 남아가 함께 상호작용하는 기회를 증가시킬 수 있는 방안을 생각해야 한다.

동일 연령이나 어린 또래보다 연령이 높은 또래에 의해 쉽게 영유아의 사회적 상호작용이 촉진되는 것을 볼 수 있다. 이는 연령이 높은 유아가 놀이의 진행 과정에서 지도자의 역할을 담당하여 연령이 낮은 영유아를 이끌어 주기 때문인 것으로 보인다.

| 사진 7-1 | 동성끼리의 놀이

| 사진 7-2 | 남아와 여아의 함께놀이

3) 교사의 영향

영유아의 놀이발달에 교사의 역할은 부모의 영향 못지않게 중요하며 적절한 교사의 개입이야말로 영유아의 내면세계를 표현하는 데 도움을 준다. 영유아의 효능감은 영유아의 원활한 상호작용과 창의성의 촉진 및 문제 해결력에 도움을 줄 수 있는 요인으로 작용한다. 이 외 교사의 역할은 놀이의 지속시간 증대, 상호 협력활동을 통해서 의사소통능력과 역할 모델 등 다양한 효과를 가져올 수 있다.

교사는 놀이지도에서 영유아에게 적합한 놀이를 제공하고 놀이가 흥미롭게 지속될 수 있도록 도와주며 현재의 놀이 수준보다 더욱 발전될 수 있도록 풍부한 교육 및 놀이환경을 마련해야 한다.

4) 부모의 영향

(1) 부모의 성과 놀이

영유아놀이는 영유아의 성에 의하여 유사한 특징이 나타나는데, 이는 부모의 영향을 받는다고 볼 수 있다. 가족의 영향은 놀이의 다양성과 놀이에 대한 흥미와 행동들 속의 일관성으로 나타난다. 일반적으로 아들이 인형놀이를 하면 무시하는 반면 딸들에게는 양육적이고 복종적인 행동 즉, 인형놀이를 장려한다.

성에 기초한 놀이 흥미와 행동에 있어서 가정의 영향은 영유아의 출생부터 시작되며 부모는 자녀들의 성유형에 따른 기대를 갖고 양육한다. 아버지는 딸을 부드럽고 작고 아주 예민하게 묘사하고 아들을 가지고 있는 아버지는 아들을 크고 활동적으로 묘사한다.

아들과 딸의 사회화에 영향을 미치는 부모의 기대방법으로 부모들은 영아기부터 아들, 딸에게 다르게 옷을 입히고 다른 놀잇감을 주는 것으로 나타났다.

부모의 기대도 영유아의 성차에 의한 상호작용을 통해서 전달된다고 하였다. 아버지는 아들의 경우 적극적이며 과격한, 신체적으로 자극이 되는 게임 또는 놀이 습관을 장려하였다. 아버지는 자신의 아이와 처음에는 함께 놀이를 하며 유지하는 반면 어머니는 주로 아이를 돌

봐줄 목적과 아이의 탐구력을 제한하는 것으로 나타났다. 이러한 부모들의 행동은 자녀들이 자신들의 성과 동일한 행동 유형을 하도록 이끄는 것으로 나타났다.

(2) 어머니의 애착과 놀이

안정애착을 형성한 영아는 엄마가 있을 때 물리적 환경을 더욱 적극적으로 탐색한다. 걸음마 시기에 이르러 안정애착을 형성한 영아는 또래에게 보다 많은 관심을 보이고 상상놀이에 더욱 많이 참여하며(Slade, 1987), 불안정애착을 형성한 영아에 비해 다양한 사회적 기술을 나타내며 놀이 또한 오랫동안 지속되는 것을 알 수 있다. 또한 안정애착을 형성한 어머니는 영유아와의 적극적인 상호작용을 통해 놀이를 유도하므로 오랜 시간 놀이가 지속되도록 도왔다(Frost et al., 1999).

부모와의 애착 정도는 유아의 또래관계에 영향을 끼친다. 안정된 애착을 형성한 유아는 불안정한 애착을 형성한 유아보다 또래관계에서 유능하다. 안정애착을 형성한 유아는 독립적이며 더 많은 호기심을 나타내고 사회적 유용성이 또래에 비해 높은 것으로 나타나고 있다.

| 사진 7-3 | 어머니와 애착놀이

(3) 어머니의 놀이 개입과 영유아의 연령

어머니의 놀이에 대한 개입은 영유아의 연령에 따라 다른 결과를 나타내고 있다. 연령이 낮을수록 어머니는 놀이에서 주도적인 역할을 하며 놀이에서 지시와 교수를 하고 영유아의 연령이 높아질수록 영유아기보다 놀이에서 주도적인 역할을 하도록 하며 제안과 질문을 통해 놀이를 확장하는 것을 알 수 있다(Howes, Unger, & Matheson, 1992; Hight & Miller, 1992).

| 사진 7-4 | 연령이 낮은 영아의 어머니 놀이 개입

2 물리적 환경요인

1) 놀이의 공간 및 배치

공간 밀도가 높은 놀이실에서는 조작놀이가 빈번하게 일어나고 비참여 행동이나 방관적 행동이 많이 나타나는 데 비해 공간의 면적이 넓은 놀이실에서는 적목, 바퀴 달린 놀잇감이 사용되는 놀이의 형태가 많이 나타난다. 놀이공간의 배치에서 놀이실의 각 영역을 구분지어 구성한 경우에 다른 유아의 놀이를 방해하거나 뛰어다니는 행동이 감소되었으며 조용한 놀이 영역에서는 놀이의 지속시간이 더 길어지는 것을 볼 수 있다. 따라서 놀이공간의 밀도가 높고 자료가 부족하며 공간 배치가 잘 구성되지 않은 놀이의 환경은 영유아의 공격적 행동을 유발할 뿐 아니라 놀이의 질을 평가하는 데 결정적인 영향을 미친다. 바람직한 놀이공간을 위해서 영유아에게 적합한 실내 · 외 공간을 제공해 주고 실내 · 외 놀이환경을 효율적인 흥미 영역으로 구성하는 것이 좋다.

2) 놀잇감

놀잇감의 유형에 따라 놀이에 참여하는 시간의 길이가 결정되며 놀잇감의 복합성 및 다양성 그리고 제공되는 놀잇감의 양에 따라 놀이행동이 영향을 받는다(Kritchevsky, Prescott, & Walling, 1977). 즉 놀이자료의 특성에 따라 영유아의 놀이 또한 변한다고 볼 수 있다.

블록의 크기가 영유아 간의 사회적 상호작용을 촉진하는 것을 알 수 있으므로 영유아의 발달적 욕구와 능력에 맞는 다양한 놀이자료를 제공하여야 한다.

영유아는 단순한 놀잇감보다는 복합적인 놀잇감을 선호하며 복합적인 놀잇감을 갖고 놀 때 놀이시간 또한 더 길게 나타났다. 단순 놀잇감보다는 다양한 방법으로 사용할 수 있는 복합 놀잇감(점토, 레고, 블록 등)을 제공함으로써 유아의 놀이를 확장할 수 있다.

놀잇감이 적은 경우, 영유아들은 서로 놀잇감을 가지려고 싸우며 놀잇감을 빼앗기 위해 공격적으로 행동하며 울기, 때리기 등의 행동도 많이 나타난다. 놀잇감의 수량이 적을 때 갈등이 많이 발생하고 또래 간의 공격적 행동은 자주 나타난다.

놀잇감이 많아질수록 영유아의 놀이 참여도는 높아지며 공격적인 행동이 감소한다. 반면 놀잇감의 양이 줄어들수록 영유아 간의 사회적 상호작용은 증가하며 공격적 행동 또한 증가하는 것을 알 수 있다(Johnson, 1983).

3) 문화환경 요인

놀이에 영향을 주는 요인으로서 영유아들의 사회 · 문화적인 요인은 중요하다. 놀이는 여러 환경요인에서 독립적으로 존재하는 것이 아니라 사회 맥락적인 요인들이 역동적이고 상호 관련적인 영향을 주고받으면서 형성되는 것으로 볼 수 있다. 따라서 그 시대 사회 · 문화적인 요인을 잘 아는 것도 중요하다.

David(1994)는 놀이활동 선택에 영향을 주는 요인으로 인적 요인, 환경요인, 문화요인으로 나누었으며 문화요인으로 놀이-지역문화에서의 활동범위, 행동관습, 유행, 계절도 포함된다고 하였다.

CHAPTER 09

놀이와 교사

놀이와 교사

이번 장에서는 영유아의 놀이에 있어 교사의 역할과 개입 그리고 교사의 놀이지원 관련하여 알아보도록 한다. 또한 영유아의 놀이를 살펴보며 지원해 주어야 하는 놀이자료들에 대해서도 알아보도록 하겠다.

1 교사의 역할 및 개입

1) 교사의 역할

(1) 계획과 조직의 역할

교사는 유아들에게 발달수준과 흥미, 관심을 고려한 놀이 환경을 계획하고 조직해준다. 영유아의 놀이가 학습과 적절하게 연결될 수 있도록 생활주제와 관련된 교육목표, 교육활동, 교육방법, 난이도 등을 고려하여 놀이활동을 조직하고 유아의 흥미를 유발할 수 있는 놀잇감을 제공해 주도록 한다.

(2) 관찰자의 역할

교사는 개별유아를 위한 관찰평가 도구를 사용할 수도 있고, 전체적인 흐름을 관찰할 수도 있다. 놀이를 관찰하면서 놀이의 양적 · 질적인 발전을 위한 적절한 개입 시기에 대한 정보를 파악할 수 있다.

(3) 상호작용자의 역할

교사는 놀이하는 동안 유아와 개별로 혹은 그룹으로 많은 상호작용이 이루어져야 한다. 상호작용은 놀이상황에 따라 유아를 말없이 응시하는 비구조적인 방법에서부터 격려, 질문, 개입, 직접적인 지도 등 다양하게 이루어질 수 있다.

(4) 감독자의 역할

감독자의 역할을 통해 유아들은 안전한 환경에서 선택한 놀이를 편안하게 활동할 수 있다. 놀잇감의 안전 유무, 원할 때 놀이에 참여할 수 있는 기본적 권리, 놀이공간의 확보 등을 점검하여 놀이가 원활하게 이루어질 수 있도록 돕는다.

(5) 평가자의 역할

교사는 놀이를 통한 영유아의 발달과 학습 정도, 놀이 참여나 흥미도 평가하도록 한다. 이를 토대로 놀이가 교육의 효율적인 목적이자 수단이 되도록 한다.

2) 교사의 개입

(1) 놀이에서의 교사 개입

교사의 놀이 개입은 놀이 참여(play participation), 놀이 중재(play intervention), 놀이 개입(play involvement), 놀이 지도(play tutoring) 등의 개념으로 사용된다.

교사의 놀이 개입은 놀이확장, 다양한 영역의 발달촉진 그리고 영유아의 학습과 발달촉진에 긍정적이고 필수적이다. 또한 교사는 놀이 개입의 부정적 영향과 긍정적 영향을 모두 인지하고, 얼마나 개입하였는가보다는 어떻게 개입할 것인지 고려하여 지도하도록 한다.

교사의 놀이 개입은 긍정적인 측면도 있지만 부정적인 측면도 있다.

① 긍정적 측면

성인의 놀이 개입은 놀이 방법과 규칙을 알려주며 또래 상호작용을 촉진하고, 자료와 아이디어를 제공함으로써 영유아의 놀이 능력을 확장시켜준다. 이를 통해 놀이 상황이 풍부해지고 질이 향상되며, 놀이가 더 정교해지고 시간도 길어질 수 있다. 결국 성인의 적절한 개입은 놀이의 교육적 효과를 극대화할 수 있다.

② 부정적 측면

놀이 개입은 영유아의 흥미와 감정표현, 내적 학습을 방해할 수 있으며, 또래 간 상호작용 기회도 줄일 수 있다. 특히 인지적 측면만 강조하면 놀이의 질이 저하될 우려가 있다. 따라서 성인의 과도한 개입은 자제하고 유아 주도의 놀이 환경을 조성하는 것이 중요하다(이경화 외 2020).

(2) 놀이 개입 시기

영유아 놀이상황에서 배움을 위한 '결정적 순간'에 교사의 의도적인 놀이 개입은 영유아가 새로운 개념을 이끌어 낼 수 있도록 하는 데 도움이 된다. 그렇다면 어떤 상황에 교사가 개입해야 하는가?

상황 1. 영유아가 놀이에 참여하지 않고 방황할 때

- 건강, 정서요인에 따라 놀이하고 싶지 않은 경우
- 놀이상황이 현재 수준과 흥미에 차이가 있을 때(쉽거나 어려움, 두려움)

상황 2. 영유아가 교사와의 놀이를 원할 때

- 즐겁고 재미있는 놀이친구자(놀이상황을 유지하며 발전할 수 있도록 상호작용)
- 단, 또래와의 상호작용이 원만하지 못하여 교사의 관심끌고 싶거나 자율적 선택과 집중이 어려운 경우라면 격려하고 개입을 줄여감

상황 3. 생활지도가 함께 필요할 때

- 다른 영유아와 협동적 상호작용 못할 때, 주의산만, 단순하고 반복적 놀이할 때

상황 4. 비계설정의 결정적 순간

- 능력수준을 고려하여 자료를 선택하고 유아 수준을 향상시킬 수 있는 상호작용 촉진, 영유아발달도모, 새로운 탐색 단서제공, 사고촉진을 위한 다양한 질문

(3) 놀이 개입의 순서

교사의 적절한 놀이 개입이 필요하며, 이를 위한 놀이 개입의 순서를 이해하여 실행하는 것이 필요하다. 무엇보다 중요한 것은 놀이가 유지되고 확장될 수 있도록 개입하고 적절한 시기에 빠져나오는 것이다. 교사는 놀이 상황을 관찰하고 적절한 방법으로 개입하며, 놀이를 지원하고 촉진하여 유지될 경우 영유아가 놀이의 주최가 될 수 있도록 하고 나와야 한다 (예 “이제 일하러 갈 시간이에요. 잘 먹었습니다.”하고 타 영역 이동, 다른 영역에서 “수희랑 이야기하고 올게. 지금처럼 성쌓기해 보렴. 이번엔 이것도 해보면 어떨까?”).

놀이 관찰 ➡ 놀이상황 개입 ➡ 놀이 지원 및 촉진 ➡ 놀이에서 나오기

3) 교사의 질문유형 및 방법

(1) 정보제공 대신 질문하기

영유아가 원하는 정보를 주기보다는 질문을 통해 영유아의 사고력 향상과 대상에 대한 자기 발견을 촉진하도록 한다.

- 영주: 제 생각에는 나무 열매 같아요.
- 교사: 왜 그렇게 생각하였니? 무엇을 보고 알았니?
- 영주: 이걸 보세요. 여기 씨앗이 보이죠. 그러니까 이것은 나무에서 자라는 거예요.

(2) 개방형 질문하기

질문에 따라 영유아가 대답할 때 요구되는 사고와 언어의 양에 있어 차이가 있다.

- 이것은 무슨 색깔이니? (개방형 질문으로 바꾸기) ➡ 이것이 무엇인지 말해주겠니?
- 오늘이야기는 재미있었니? (개방형 질문으로 바꾸기) ➡ 이야기 중에 재미있었던 부분은 무엇이니?
- 자동차가 빠를까, 비행기가 빠를까? (개방형 질문으로 바꾸기) ➡ 비행기는 자동차와 무엇이 다를까?

(3) 인지적 갈등을 유발하는 질문

- 모순을 야기하는 질문(알고 있는 것과 관찰한 것 사이의 갈등)
  - 이렇게 작은 돌 조각은 왜 물속에 가라앉을까?
- 사물, 사건, 행동들을 관계 지어 볼 수 있도록 격려하는 질문
  조개껍질이 어떻게 느껴지니? ➡ 이 두 조개껍질은 어떤 점이 비슷하니? 어떻게 다르니?
- 예측, 측정, 인과관계에 관한 질문
  - 물 컵 속에 바둑알을 계속 넣으면 무슨 일이 일어날까?
  - 블록으로 열심히 만든 빌딩이 왜 무너졌을까?
  - 누가 가장 카드를 많이 가지고 있니? 너는 그것을 어떻게 알았니?

(4) 대답에 반응하기

영유아를 격려하고 사고를 자극하도록 영유아의 대답에 반응해 준다.

- (상황: 틀린 답을 말할 때)
- 교사: 그래 네 생각대로 해보자. 어떻게 되었니? 그럼 뭐가 더 필요한 것 같니?

2 교사의 놀이지원

놀이는 아동의 전인적 발달을 돕는 가장 자연스럽고 효과적인 방법이다. 특히 교사는 놀이 환경을 조성하고, 놀이 과정을 지원함으로써 아동의 흥미와 능력을 이끌어 내는 중요한 역할을 한다. 교사는 놀이 환경의 설계자이자 놀이의 촉진자로서, 공간, 상호작용, 자료라는 세 가지 측면에서 아동의 놀이를 적절히 지원함으로써 놀이를 통한 전인적 성장을 이끌어낼 수 있다. 놀이는 단순한 오락이 아닌 발달의 현장이며, 교사의 전문적인 놀이지원은 그 현장을 더욱 풍요롭게 만들어준다. 교사가 효과적으로 놀이를 지원하기 위해서는 크게 '공간', '상호작용', '자료'라는 세 가지 요소를 고려해야 한다.

1) 공간

놀이가 이루어지는 물리적 환경은 아동의 놀이 경험과 참여도에 큰 영향을 미친다. 교사는 안전하고 개방적이며 유연한 놀이 공간을 마련하여 아동이 자유롭게 탐색하고 표현할 수 있도록 해야 한다. 실내에서는 역할놀이, 블록놀이, 책읽기 등 다양한 활동 영역을 구분하되, 경계가 너무 엄격하지 않도록 하여 아동들이 자연스럽게 한 활동에서 다른 활동으로 전환할 수 있게 유도해야 한다. 또한 실외 공간은 신체활동을 충분히 할 수 있도록 넓고 다양하게 구성되어야 하며, 자연친화적인 요소(모래, 흙, 식물 등)를 포함하면 아동의 감각발달과 탐구심을 자극할 수 있다. 공간 배치 시에는 아동의 움직임과 시선, 관심사를 고려하여 놀이 동기를 유발할 수 있는 환경을 만드는 것이 중요하다.

2) 상호작용

교사와 아동 간의 따뜻하고 민감한 상호작용은 아동이 안정감을 느끼고 적극적으로 놀이에 참여하도록 하는 핵심 요소이다. 교사는 놀이 중 아동의 표현과 행동에 귀 기울이며 공감적 반응을 보이고, 필요할 경우 놀이에 자연스럽게 참여하여 함께 즐기는 것이 필요하다. 단순히 지도하거나 개입하는 것이 아니라, 아동의 놀이 흐름을 존중하면서 질문이나 제안을 통해 사고를 확장시키는 방식이 효과적이다. 예를 들어, 아동이 모래성 만들기에 어려움을 겪을 때 "성벽이 무너지네. 어떻게 하면 튼튼하게 만들 수 있을까?"라고 묻는 것은 문제해결 능력과 창의성을 자극하는 좋은 방법이다. 또한 또래 아동들 간의 긍정적인 상호작용을 도울 수도 있는데, 이를 위해 협동놀이를 제안하거나 갈등 상황에서 의사소통 방법을 모델링 해주는 것도 좋은 전략이다.

3) 자료

놀이 자료는 아동의 놀이 욕구를 충족시키고 다양한 경험을 가능하게 하는 중요한 매개체이다. 교사는 아동의 연령과 발달단계, 흥미에 맞는 자료를 제공할 때 놀이의 질을 높일 수 있다. 자료는 단순히 비싼 완구나 전문 교구만을 의미하지 않으며, 일상에서 쉽게 접할 수 있는 자연물이나 생활재료(종이박스, 나무토막, 천 등)도 매우 효과적인 놀이 자료가 될 수 있다. 개방적 자료(open-ended materials)는 정해진 사용법이 없어 아동이 다양한 방식으로 활용할 수 있어 창의력과 상상력을 자극하는 데 탁월하다. 또한 자료는 아동이 스스로 선택하고 정리할 수 있도록 진열 및 관리를 잘 해야 하며, 위생과 안전에도 각별히 신경 써야 한다. 자료 제공 시에는 다양한 문화적 배경을 반영하거나 다문화 요소를 포함시켜 아동의 사회성과 수용성을 키우는 데도 바람직할 수 있다.

Ⅰ표 9-1Ⅰ 놀이지원을 위한 교사의 준비

놀이공간	놀이자료	상호작용
• 융통성 있는 배치 • 놀이에 충분한 공간 • 유아가 주도하는 공간 • 또 다른 놀이 공간	• 유아가 주도하는 자료활용 방법 격려 • 자연물이나 자연현상 • 다양한 일상의 사물 자료가 없이 하는 놀이 • 기존의 자료 새롭게 보기	• 영유아의 놀이에 의미와 배움을 발견 후 상호작용 • 정서적, 언어적 상호작용을 통해 긍정적으로 수용하고 격려 • 놀이에서 발생하는 문제를 해결하는 공동의 놀이자 • 유아와 유아의 상호작용 지원 • 유아와 환경의 상호작용 지원 • 놀이 지원을 위한 관찰 • 제안하며 놀이 지원 • 함께 놀이를 통한 지원 • 질문을 통한 놀이 지원

출처 : 교육부, 보건복지부. 2019 개정 누리과정 놀이실행자료 중

영아가 주도하고 교사가 지원하는 놀이 사례

영아는 놀이에서 즐겁게 배움을 경험한다. 영아에게 배움이 일어나는 의미 있는 놀이를 하게 하려면 교사는 영아의 놀이가 다음과 같은 특성을 반영하는지 살펴보아야 한다.

자발적으로 자연스럽게 시작하는 놀이

영아가 자연스럽게 또는 자발적으로 놀이를 시작하려면 교사가 영아의 흥미에 민감성과 반응성을 갖고 놀이를 시작할 수 있도록 지원자 역할을 해야 한다. 예를 들어, 개별 영아의 관찰기록을 토대로 관심사를 파악하는 것, 현재 영아의 시선과 반응에 집중하는 것, 놀이 공간 구성 시 개별 영아의 흥미를 반영하여 놀이 시작에 동기를 부여하는 것 등이 해당된다. 영아의 경험과 연계된 매력적인 환경을 구성하는 것은 영아가 놀이를 자연스럽게 또는 자발적으로 시작하도록 하는 데 도움이 된다.

나뭇잎으로 만든 길

전날 주워 온 나뭇잎 길 위를 지나며
자연스럽게 놀이를 시작하는 영아

나뭇잎 돗자리 위에서
자연물로 놀이하는 영아

영아가 실외에서 주워 온 나뭇잎과 시트지로 실내에 새롭게 길을 만들고
서로의 경험을 이야기하며, 자연물을 활용하여 자발적으로 놀이를 심화해 나감

영아들이 끼적인 모양
종이 모빌을 교실에 게시

내가 만든 또는 내가 좋아하는 모양
종이 모빌을 탐색하는 영아

종이 모빌을 손으로 치며
움직임을 탐색하는 영아

영아가 끼적이거나 자른 모양 종이를 모아 모빌 형태로 교실에 매달아 주자,
자신이 만든 모양 종이를 찾으며 다양한 탐색을 함

우연한 기회로 시작되어 발전하는 놀이

영아에게 우연한 기회로 시작되어 발전하는 놀이는 영아의 흥미와 관심이 바탕이 되기에 그 놀이는 영아의 내적 동기가 극대화된 의미 있는 놀이일 수 있다. 영아가 경험한 우연한 사건에서 영아가 즐겁게 놀면서 배울 수 있도록 교사는 영아가 흥미를 보이며 다가서는 순간이나 대상에 관심을 가지고 의미 있는 지원 방향을 모색한다.

물웅덩이를 우연히 발견한 영아

물웅덩이에
들어갔다가 나온 영아

발자국이 생긴 것을
발견한 영아와 교사

점프하며 발자국을
만들어 보는 영아

물웅덩이에 발을
넣어 보는 영아

모래 놀이터에서도
물웅덩이를 찾은 영아

선생님과 자기 발자국의 크기를
비교해 보는 영아

우연한 기회에 발견한 물웅덩이에 영아의 관심이 시작되어
발자국 찍기, 찍힌 모양 보기, 찍힌 모양의 크기 비교하기 등이 포함된 놀이로 발전

물웅덩이 발견으로 시작된 놀이에서의 배움 읽기

비가 온 후 산책을 나갔다가 물웅덩이를 우연히 발견(자연탐구-주변 환경과 자연에 대해 호기심을 가진다)하고 신나게 다가간 한수는 친구들과 함께 물웅덩이를 성큼성큼 밟고 지나갔다(신체운동·건강-신체를 인식하고 움직인다). 한수는 물웅덩이에서 나와 지나가는 자리에 발자국이 찍히자 신기해하며 한참 동안 탐색과 측정을 이어 나간다(자연탐구-공간과 모양을 탐색한다).

한수는 물웅덩이에서 발자국 찍기를 반복하고 충분히 살펴보며, 발자국의 크기나 신발 바닥의 모양에 따라 다른 무늬를 발견하고(자연탐구-사물을 같고 다름에 따라 구분한다) 선생님과 또래와 즐겁게 이야기를 나눈다(의사소통-상대방의 이야기를 듣고 말한다).

한수는 다른 영아가 찍어 놓은 발자국을 살펴보다가 직접 자신의 발자국을 찍어 보기도 하고, 걸어서 물웅덩이를 지나가 보기도 하고, 점프하여 지나가며 발자국을 여러 개 만들어 보는 놀이를 하며 또래와 함께 웃는다(자연탐구-공간과 모양을 탐색한다, 신체운동·건강-신체를 인식하고 움직인다, 사회관계-다른 사람의 감정과 행동에 관심을 가진다).

우연한 기회로 시작되어 발전하는 놀이

3 교사와 놀이자료

영유아를 위한 놀이자료와 매체들은 다양하다. 일상생활 속에 모든 환경에서 영유아들을 위한 놀이자료들을 찾을 수 있다. 놀이자료는 영유아의 놀이를 변화시키고 영유아들의 경험을 다채롭고 풍부하게 해 준다. 특히 실외환경은 계절과 날씨에 따라 다채롭게 변화하면서 영유아들의 경험을 더 풍부하게 한다.

1) 놀이와 자료

놀이자료는 유아가 감정과 상상을 표현하고 세상을 이해하는 데 중요한 역할을 하는 도구이다. 교사는 다양한 재료와 계절・행사에 맞는 자료를 적절히 제공함으로써 창의적 놀이를 지원해야 한다. 비구조적인 열린 자료를 풍부하게 마련해 유아가 스스로 탐색하고 활용할 수 있도록 돕는 것이 중요하다. 놀이자료 사용 시 지나친 제한을 두지 않아 유아가 자유롭게 놀이를 경험하도록 해야 한다. 교사로서 영유아의 놀이자료를 지원하는 데 중요한 부분을 소개하면 다음과 같다(교육부, 2019).

첫째, 유아가 결정한 자료활용 방법을 격려하고 존중한다. 교사는 특정 의도를 가지고 자료를 제공하지만, 유아는 이를 다양한 방식으로 해석하고 사용할 수 있다. 자료가 놀이의 매개체가 되어 유아 스스로 배움을 이끌어내도록 관찰과 지원에 힘써야 한다.

둘째, 자연물이나 자연현상도 자료가 될 수 있다. 유아는 바깥놀이와 자연 탐색을 통해 곤충, 풀, 꽃 등을 보고 만지며 다양한 감정을 경험한다. 자연물의 색, 모양, 질감 등을 통해 아름다움과 생명의 소중함을 느끼며 스스로 배움을 얻는다. 자연현상은 놀이의 주제나 매개체가 되어 유아의 탐색과 관찰을 이끌며 일상 속에서 배움을 연결해 준다.

셋째, 다양한 일상의 사물을 놀이자료로 활용한다. 일상 속 다양한 사물은 정형화된 상업 놀잇감보다 유아의 놀이를 더 풍부하게 하며, 유아는 이를 통해 물건의 감각적 요소를 탐색하고 창의적인 경험을 할 수 있다.

넷째, 자료가 없어도 놀이할 수 있다. 유아는 몸을 통해 세상을 알아보고 감정과 생각을 표현하며 놀이를 한다. 실외에서는 몸만으로도 놀이가 가능하며, 다른 유아와 함께 신체를 활용한 상호작용 놀이도 한다. 실내에서도 신체 움직임을 억제하지 않고 놀이로 자연스럽게 이어질 수 있도록 지원해야 한다.

다섯째, 기존의 자료도 새롭게 활용해본다. 기존의 흥미 공간이나 생활 주제별 자료도 창의적인 활용이 가능하다면 훌륭한 놀이 자료가 될 수 있으며, 교사는 유아가 이러한 자료를 새로운 방식으로 사용하는 놀이를 격려해야 한다. 놀이 중심 교육과정에서는 미리 주제를 정해 자료를 제시하는 것을 지양하고, 대신 놀이 유형별로 자료를 분류해 더 효과적으로 활용하는 방법을 찾아야 한다.

2) 다양한 놀이자료

일상용품, 천, 자연물, 빛, 블록, 종이, 신문, 재활용품, 금속, 뚜껑, 다양한 크기의 통, 프레임, 테이프, 줄, 끈, 거울, 그림책, 호박, 콩 등과 그 외에 이야기를 만들 수 있는 모든 자료들은 충분히 좋은 자료이다.

다음 사진을 보며 흥미로운 놀이에 대해 생각해 봅시다.

재활용자료

| 사진 9-1 | 놀이자료 사진

놀이자료에 따라
영유아의 **몸**의 움직임은
어떠한가요?

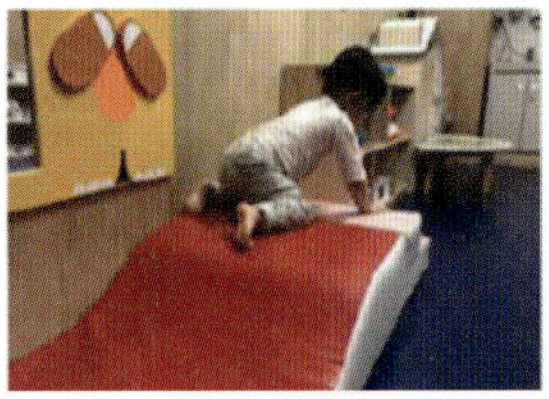
미끄럼틀

백업

스펀지 블록

습자지, 끈

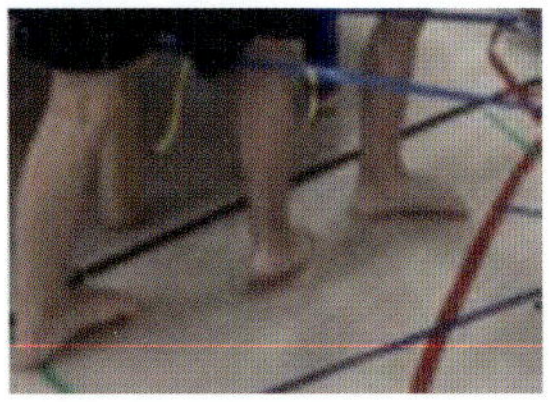
종이테이프

| 사진 9-2 | 영아 놀이자료

출처 : 보건복지부(2020). 제4차 어린이집 표준보육과정 해설서.

놀이자료에 따라
영유아의 어떤 **감각**에
좀 더 주의를 기울일까요?

상자와
나무막대

냄비와 냄비뚜껑,
주걱

거울

보자기

미역

| 사진 9-3 | 감각 놀이자료

출처 : 보건복지부(2020). 제4차 어린이집 표준보육과정 해설서.

영유아는 어떤 **경험**을 하고 있을까요?

물웅덩이

개미

바람, 나뭇잎

도토리

물, 흙

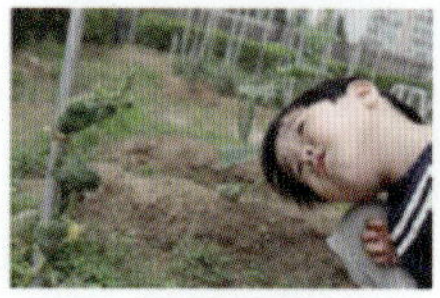

오이꽃, 지지대, 개미

| 사진 9-4 | **실외 놀이자료**

출처 : 보건복지부(2020). 제4차 어린이집 표준보육과정 해설서.

개미와 어떤 **놀이**를 할 수 있을까요? 개미는 무엇을 하고 있는 걸까요?

| 사진 9-5 | **곤충자료: 개미**

| 사진 9-6 | 파충류자료: 거북이, 도마뱀

놀이자료란 유아가 놀이에서 사용하고 스스로 조작할 수 있는 물리적 자원이다. 유아가 주변에서 발견한 여러 가지 물체들도 놀이에 활용되는 의미 있는 놀이자료가 된다. 놀이자료의 특성과 제공방식에 따라 단순한 놀이가 복합적이고 다양한 놀이로 변화하고 확장되므로 단일자료를 활용할 때 보다 여러 가지 자료가 함께 제시될 때 다양하고 창의적 놀이가 일어난다.

출처 : 성원경 외(2020). 교사를 위한 놀이지원 연수자료. 교육부.

모든 유아는 각자의 개성이 다르고, 취향과 선호가 다르기에 같은 놀이나 자료에 대한 흥미와 몰입도 역시 다르다. 그러므로 교사는 가능한 충분한 놀이자료를 준비하고 제공하여 유아의 놀이를 지원할 수 있어야한다. 이런 환경에서 "유아는 자신을 둘러싼 환경 속에서 아름다움을 발견하고 공감하며, 다양한 언어, 노래, 몸짓으로 풍요로운 감정을 표현하고 부정적인 감정을 해소"할 수 있다.

출처 : 교육부, 보건복지부(2019). 「2019 개정 누리과정」 놀이이해자료. 세종: 교육부, 보건복지부.

3) 디지털 자료

디지털을 활용하여 간단하게 놀이할 수 있는 다양한 플랫폼이 많다. 연령과 흥미별로 영유아들에게 접근하면 좋은 놀이자료가 될 수 있다.

- 오토드로우 https://www.youtube.com/watch?v=ky_ep6OmzzU
  퀵드로우 https://quickdraw.withgoogle.com/?locale=ko
  그림 그리는 것을 선호하는 유아들이 놀이시간 태블릿 제공하여 노트 앱으로 그림을 그리거나 그리고 싶은 이미지를 검색할 수 있음
- 칸딘스키 ChromeMusicLab(chromeexperiments.com)
  https://musiclab.chromeexperiments.com/Song-Maker/song/5296475015348224
- 사운드스케이프 https://www.imaginarysoundscape.net/#/upload
- 티치블머신: 감정 날씨판으로 감정을 표현하는 유아들이 인공지능에게 감정표정을 알려줌
- 아트엔컬쳐 https://www.youtube.com/watch?v=ZokBy39GaQ0
  https://www.youtube.com/watch?v=C_MqBd8Onic
- 뮤즈스코어(MuseScore): 악보를 작성하고 편집하는 데 사용되는 프로그램
- 빅쳐(Bigture): 영유아들에게 쉽게 그리기 기능을 제공하고 그림으로 소통할 수 있도록 도움
- ask up: Upstage에서 개발한 인공지능 챗봇 애플리케이션으로 인공지능 기술을 활용하여 다양한 질문에 답을 얻을 수 있음
- Scroobly를 활용한 동작놀이: (우리반의 캐릭터를 만들어 동작을 따라해 보기/핸드폰 태블릿 카메라 모두 사용 가능) https://www.scroobly.com/
- AI for Ocean 머신러닝과 AI 윤리교육(바다를 살리면서 윤리교육, 지도학습 원리를 쉽게 배울 수 있음) https://studio.code.org/s/oceans/lessons/1/levels/2

- Animated drawing 애니메이션 만들기(내 그림으로 애니메이션을 제작, 창작동화를 만들 수 있음) https://sketch.metademolab.com/
- Auto Draw로 초대장 만들기: 그림을 잘 못그려도 멋진 초대장 완성 https://www.autodraw.com/
- 꽃이름 알아보기: 구글렌즈https://www.youtube.com/shorts/TMuUz-ez2YI
- 티처블머신: 이미지, 사운드, 자세를 인식하도록 컴퓨터를 학습시켜서 사이트나 앱 등에 사용할 수 있음 https://teachablemachine.withgoogle.com/
- 볼롭오페라–인공지능 음악 https://artsandculture.google.com/experiment/blob-opera/AAHWrq360NcGbw
  https://g.co/arts/fy1dmc5WdkACB6c2A

실습해 보기

● 다음의 놀이사진은 어떤 상황일까요?
교사는 어떤 적절한 개입방법을 생각해 볼 수 있을까요?

뒤를 돌아보는 유아 또는 그 외 유아에게 교사의 어떤 개입이 놀이를 확장시킬 수 있을까?

이곳에 서서 오래도록 머뭇거리고 서 있는 유아에게 교사는 어떻게 하면 좋을까?

교사의 어떤 개입이 놀이에서 재미와 배움으로 연결지을 수 있을까?

가장 오른쪽에 바닥을 보고 있는 유아는 지금 어떤 생각을 할까요? 상상해 볼까요?

CHAPTER 10

놀이치료 및 치료놀이

놀이치료 및 치료놀이

영유아 및 아동의 정서적인 문제를 해결해 주는 치료방법은 다양하다. 본 장에서는 놀이치료, 모래놀이 치료, 치료놀이의 치료과정 및 원리, 또 실제적인 방법에 대해 살펴보고자 한다.

1 놀이치료의 이해

놀이치료의 기본 개념 및 놀이치료 준비, 놀이치료사, 놀이치료 과정 등에 대해 살펴본다.

1) 놀이치료의 개념

어른은 언어라는 매개체로 의사소통을 하지만 아이들은 놀이와 활동으로 의사소통을 한다. 아이들은 언어가 충분히 발달되지 않았을 뿐 아니라 언어보다는 비언어적인 의사소통 방법을 많이 사용하기 때문에 성인과는 다른 놀이와 행동 표현을 통한 접근이 효과적인 것이다.

놀이치료는 다양하고 고도로 발달된 이론적 지침과 기술적 전략을 포함한 일련의 치료양상으로 구성된다. 따라서 놀이치료란 훈련된 치료사가 심리적 문제를 지닌 내담자를 돕기 위해 체계적으로 놀이의 치료적 힘을 적용하는 대인관계 과정이다.

▶ 놀이의 심리치료적 요소

첫째, 놀이는 아동들이 가장 하고 싶어 하는 일이고 가장 즐거워하는 일이다. 이러한 놀이를 통해 아동은 기쁨과 만족감을 경험할 수 있으며 발달적 욕구를 채우게 된다.

둘째, 놀이는 자발적이다. 놀이는 아동의 내적 동기에 의해 조성되고 실행되며 절대로 외적 보상에 의해 좌우되지 않는다. 따라서 놀이는 아동의 마음 세계를 있는 그대로 드러내 주고 만들어 준다.

셋째, 놀이는 놀이의 대상물보다 사람이 중심이다. 놀이는 마음을 주고받고 또 자기 느낌대로 표현하고 구성하는 창조적 활동이다.

넷째, 놀이는 긴장이나 억압되어 있는 감정을 해소시켜 주는 천연의 통로이다. 그래서 놀이는 아동의 정서를 치료해 줄 수 있다.

2) 놀이치료를 위한 준비

▶ 놀이치료를 위한 놀잇감

놀잇감은 놀이 속에서 유아가 자신의 세계를 표현하고 상담자에게 전달하기 위해서 사용된다. 어린이들은 아주 제한된 수의 놀잇감일지라도 다양한 의미와 감정을 전달할 수 있다. 놀이치료에서 놀이감은 아무것이나 늘어놓는 것이 아니다. 심리치료도구로서 필요한 것을 모으는 노력이 필요하다.

다음의 놀잇감들은 놀이치료를 하는 데 최소한으로 요구되는 것들이다.

- 일상생활 놀잇감 : 인형, 가족구성인형, 인형집과 가구, 젖병, 장난감 음식, 소형차, 소꿉놀이 접시와 컵, 스푼, 전화기, 장난감 배와 비행기, 장난감 동물
- 공격성 놀잇감 : 수갑, 장난감 총, 고무칼, 고무 샌드백, 보보 인형, 장난감 병정, 탱크, 대포, 로프
- 창의적 표현 놀잇감 : 크레용(8색), 신문지, 가위, 고무찰흙, 플레이도우, 종이, 빈 깡통, 페인트, 물감, 이젤

장난감이나 놀잇감 중 피해야 할 것은 유리 제품이나 날카롭고 뾰족하여 아동을 다치게 하는 것들이다. 또 비싸고 정교한 기계적 장난감들은 아이로 하여금 표현을 도와주기보다는 방해할 수 있기 때문에 피한다. 게임하는 장난감은 창의성이나 탐구심을 방해하므로 좋지 않다. 조각이 많은 퍼즐은 조각을 잃어버리기 쉽고 완성감이나 성취감을 맛보는 데 어려움이 있으므로 피하는 것이 더 좋다.

부서진 장난감은 즉시 치워야 한다. 그냥 놔두면 아이들에게 불필요한 좌절감을 줄 수 있기 때문이다. 여러 개의 조각으로 된 장난감은 오히려 방해가 될 수 있다. 또한, 놀이가 끝난 후 아이 스스로 장난감을 치우면 그냥 놔두지만, 장난감을 치우도록 지시하거나 강요해서는 안 된다. 그냥 그대로 있는 것을 보고 그 자리를 떠나게 하는 것이 아이에게 좋다.

3) 놀이치료사

놀이치료는 놀이를 매개로 하여 이루어지는 것이지만 치료의 진행과 치료의 효과를 좌우하는데 놀이치료사의 역할은 중요하다.

놀이치료사는 상담전문가로서 자질을 충실히 갖추어야 한다. 상담전문가로서 필요한 자질은 크게 세 가지로 구분해 볼 수 있다. 그 하나는 지식이고 다른 하나는 태도, 그리고 경험 이렇게 세 가지이다. 지식은 인간의 성격, 발달병리와 발달장애, 상담이론과 기법 등 책이나

| 사진 10-1 | 놀이치료실에서 놀이하고 있는 유아

강의를 통해서 습득할 수 있다. 경험은 인간으로서의 경륜도 포함되지만 여기서는 주로 아동을 상담하는 일에 종사한 임상경험을 의미한다. 마지막으로 태도는 상담자가 갖추어야 할 성품과 인성적 특징, 가치관과 인간에 대한 기본 자세를 포괄하는 것이다. 지식이나 경험을 쌓으면 어느 정도 자신 있게 해결할 수 있다고 짐작되기도 하지만, 상담자의 인성적 측면은 자신에 대한 통찰을 통해서 다듬어야 하는 것이다.

4) 놀이실에서의 치료사의 반응과 제한 설정

(1) 치료사의 적절한 반응

놀이치료실에서 치료사의 적절한 반응에 대해 살펴본다.

- 묻지 않아도 서로 다 아는 내용에 대해 질문하지 말자.
  이미 쉽게 아는 것을 물으면 아이는 혼란에 빠진다.
  집을 그리고 있는 아이를 보고, "집을 그리고 있구나."라고 평서문으로 표현한다.
- 아이가 묻지 않는 것에 대해서는 함부로 응답하려고 하지 말자.
  그러면 아이에게 불필요한 의존심을 길러 준다.
- 아이의 질문 뒤에 숨겨진 의도를 읽고 이해하자.
  참뜻을 모르고 겉돌면 아이는 치료사를 신뢰하지 않게 된다. 예를 들어, 두 번째 놀이실에 갔을 때, 영수가 방을 두리번거리며 선생님께 "진짜, 여기가 내 놀이실이에요?"라고 물으면 "이건 모두 너를 위해서 있는 거야"라고 아동의 기분을 충분히 이해하는 반응을 보여야 한다.
- 아이의 감정을 수용하고 반응해주어야만 신뢰감과 안정감을 얻게 된다.
  "선생님 내 강아지가 죽었어요. 그래서 울었어요."라고 했을 때, "네 강아지가 죽어서 참 안됐구나."라고 하기보다 "강아지가 죽어서 네가 참 슬펐구나."라고 아이의 감정에 반응하는 것이 좋다.
- 아이의 생각을 함부로 단정짓지 말자.

함부로 단정지으면 아이의 마음 문이 닫힌다. 예를 들어, 블록을 마룻바닥에 밀고 가면서 "부릉 부릉" 할 때, "재미있게 자동차 놀이를 하고 있구나."라고 치료사가 반응하자, "이건 자동차가 아니예요. 이건 보트예요."라고 했다. 이럴 때 선생님은 블록을 자동차라고 단정짓지 말고, 아이가 낸 "부릉 부릉" 소리에 반응해 주는 것이 좋다.

• 아이의 능력을 인정하고 반영해 주자.

그럴 때 자율성과 자존감을 길러 주게 된다. 예를 들어, 미영이가 머리빗을 찾아내서, 두 인형의 머리를 빗어 주었을 때 "인형이 참 예쁘구나."라고 반응하지 말고, "미영이가 인형을 잘 빗어 줄 줄 아는구나."라고 반응하는 것이 좋다.

• 불필요한 질문을 하지 말자.

불필요한 질문은 아이에게 신뢰를 잃게 한다.

(2) 제한 설정

놀이실에서 아이의 행동을 제한해야 하는 이유가 있다. 그 이유는 다음과 같다.

• 치료받는 아이, 치료사, 그리고 놀이자료를 보호하기 위해서 필요하다.
• 아이에게 안정감을 갖게 하기 위해서이다. 일관성 있게 아이의 행동을 제한함으로써 아이 스스로 제한을 스스로 예견할 수 있고 또 안전하다는 것을 느끼게 할 수 있다.
• 아이에게 하지 말아야 할 것을 스스로 결정하고 자기를 조절하고 또 자기책임감을 길러 주기 위해서 제한 설정이 필요하다.
• 아이가 잘못해서 치료사에게 신체적 해를 입히거나 기물이 망가지면 아이는 죄책감을 갖게 되는데, 이를 피하기 위해서 제한 설정이 요구된다.

(3) 제한 설정의 대상

• 아이 자신이나 치료자에게 해롭거나 위험한 행동
• 치료과정을 불필요하게 방해하는 행동, 예를 들어 치료시간에 화장실에 자주 가는 등의

일은 허락하지 않고 치료 전에 미리 갔다 오도록 한다.

- 놀잇감이나 놀이실을 파괴하는 행위
- 놀잇감을 집으로 가져가는 행위
- 옷을 막 벗는다든지 하는 등 사회적으로 용납되지 않는 행동

(4) 제한 설정의 단계

- 1단계 : 아이의 감정을 인정하고 그것을 말로 표현해 준다. 아이가 화가 나서 다트 총을 치료사에게 겨누면, "네가 나한테 화가 나 있구나."라고 감정을 읽어 준다.
- 2단계 : 제한에 대해 설명해 준다.
  "나는 네가 총을 쏘는 사람이 아니야."
- 3단계 : 다른 대안이나 목표물을 설정해 준다.
  "이 보보 인형이 나라고 생각하고 총을 쏴도 돼."
- 4단계 : 그래도 별 효과가 없으면 직접적으로 제한한다.
  "앞으로는 총을 가지고 놀지 못하겠구나. 그러나 나를 쏘지 않으면 다시 총을 가지고 놀 수 있어(아이에게 결정권을 준다)."
- 5단계 : 또 다시 같은 행동이 반복되면 "네가 더 이상 총을 가지고 놀고 싶지 않구나."하면서 총을 가지고 놀지 못하게 조치한다. 제한 설정은 일관성 있고 엄격하게 시행해야 한다.

5) 놀이치료의 과정

(1) 초기 과정

① 첫 시간

첫 시간은 낯선 곳에서 낯선 사람과 함께 있는 시간이므로 내담자에게 안전감을 느끼게 해야 한다. 따라서 가장 어려운 회기이다. 해석은 하지 않으며 우선은 치료자와 안전하고 보

호적인 관계를 형성하는 것이 무엇보다 중요하다. 상담이나 심리치료에서 무엇보다 중요한 것은 치료적 동맹이다. 그러므로 치료적 동맹을 맺을 수 있도록 친밀한 관계가 될 수 있도록 노력해야 한다.

첫 시간의 치료사 반응은 서두르지 않는 밝은 표정으로 아동에게 친근감을 주도록 신경을 써야 한다. 특히 아동뿐만 아니라 부모도 아직은 긴장된 상태이므로 깊은 해석은 피해야 한다. 아동은 놀이치료실 안에서 호기심이 많으면서도 어떻게 행동해야 하는지 제한을 몰라 치료사가 이끌기를 요구할 수도 있다. 그러나 가급적이면 치료사가 선택하거나 책임을 지지 말고 아동에게 선택하도록 용기를 주어야 한다.

첫 번째 놀이치료 시간의 경험을 통해 아동들은 일반적인 어른과는 다른 독특한 어른을 만났다는 느낌을 갖게 되고 바로 이러한 인간관계가 치료적 관계를 맺는 초석이 된다. 첫 시간은 치료사나 아동이 모두 서로를 탐색하는 시간이므로 지나친 질문이나 제안, 해석 등은 피해야 한다.

② 초기 단계

상담 초기의 경험은 치료의 성패에 중요한 영향을 미친다. 이 초기 과정은 치료사와 친숙한 관계를 맺어가는 과정이므로 상담실과 치료사를 탐색하는 단계이다. 그러므로 이 단계에는 내담자와 래포 형성이 되기 위해 신뢰 단계를 구축하기 위한 노력을 기울여야 하는 시기이다. 치료사는 수용적인 태도로 내담자의 감정을 반영해 주고 동기를 부여해 주며 깊은 해석은 하지 않는 단계이다.

이 시기에는 아동이 치료사에게 몰두하는 시기로서 치료사의 관심을 끌려고 하며 인정받고자 하는 욕구가 강하게 나타난다. 비교적 상대방의 호의를 사기 위해 노력하는 단계이나 아동은 치료자의 비위를 맞추려고 하며 치료사가 원하는 대로 행동하려고 질문을 하기도 한다. 이때 아동은 자신이 놀이치료 시간의 주인이며 치료자는 자신의 어려움을 함께 해결하도록 돕는 전문가라는 인식을 가져야 한다.

(2) 중기 과정

상담이나 심리치료가 계속되면서 치료사와 내담자는 점차 친밀한 관계를 맺게 되며 신뢰감이 형성되어 간다. 내담자는 상담실을 자기만의 공간이며 상담자를 자기를 위한 존재라는 인식이 들면서 부정적인 감정이 자연스럽게 나타나기 시작한다. 중기 과정 동안 내담자는 부정적인 반응을 보이는데 이 시기를 어떻게 넘기느냐에 따라 치료의 성패가 좌우된다. 상담 중기 과정에는 내담자가 자아존중감을 형성하기 위한 통찰력을 갖도록 도와주고 성취감을 느낄 수 있는 기회를 갖도록 치료를 계획하여야 한다. 특히 아동의 경우에는 크게 좌절하지 않도록 세심한 배려를 해야 하고 내담자가 갈등을 일으키는 상황이 내담자가 견딜 수 있는 정도인지를 고려하여야 하며 격려와 지지도 필요하다.

상담 중기는 상담의 대부분을 차지하는 긴 과정이다. 이 단계에서 내담자는 부모와의 관계에서 결핍하거나 왜곡된 부분을 보충하고 수정하는 교정적인 경험을 하게 되며 해석을 통해 자신의 과거에 일어났던 충격적인 사건이 재통합하고 성장하게 된다. 즉, 치료사와의 적절한 치료적 관계와 교정적인 과정을 통해 치료가 되며 해석을 통해 성장하게 된다.

(3) 말기 과정

이 단계가 되면 내담자가 자신의 문제를 있는 그대로 수용할 수 있으며 자신의 장점을 존중하며 자아존중감이 향상되어 적극적으로 현실에 대처하는 모습을 보인다. 이때 집단치료를 병행하면 현실 상황에 대해 구체적으로 적응하는 기술의 습득 및 자신의 목표를 구축하는 데 큰 도움이 된다. 아울러 발달이 지연되었거나 결핍된 부분에 대한 재교육을 받을 수 있게 병행하여 성장하고 발달할 수 있게 도와주어야 한다.

종료를 위해서는 사전에 계획하여야 하며 내담자와 합의하는 과정도 필요하다. 특히 아동의 경우에는 아동의 수준에서 받아들일 수 있도록 고안된 방법을 사용하여야 한다. 아동이라고 일방적으로 부모와 상담자의 합으로 결정하는 것은 옳지 못하다. 아동이 종료를 거부한다면 그만한 이유가 있다고 본다. 치료가 잘 된 경우에는 아동도 자연스럽게 종료를 받아들이므로 그 이유를 살펴보아야 한다. 아동에게 준비가 안 된 상태에서 종료를 서두르는 것은 탐색해 볼 필요가 있다.

(4) 종료 과정

상담을 언제 종료해야 하는가를 아는 것은 쉽지 않다. 상담이나 심리치료의 목표는 내담자가 현실의 문제를 잘 해결할 수 있고 치료 초기에 설정한 목표에 도달했으면 일단 종료할 수 있다. 상담 초기의 문제는 해결되었는데 더 다루고 싶은 주제가 있다면 일단 종료를 하고 다음 주제에 대해서 새로운 목표를 세워 계획하는 방법이 효과적이다.

모든 문제가 해결되어 잘 적응할 수 있을 때까지 상담을 하는 것은 아니다. 그러나 상담의 필요성은 내담자의 욕구가 제일 중요하므로 상담자가 보기에 충분하다고 보아도 내담자가 종료를 받아들이지 못한다면 다시 탐색해 보아야 한다.

그러나 종료 전에는 일시적인 저항으로 퇴행과 같은 변화가 나타날 수 있다. 이것은 내담자가 이별에 대한 불안을 나타내는 과정으로 이런 문제에 대해서도 충분한 탐색이 있어야 한다. 준비되지 않은 이별은 또 다른 상처가 될 수 있으므로 신중하게 다루어야 한다.

2 모래놀이치료의 이해

모래놀이치료란 모래상자를 이용한 놀이치료 기법이다. 모래상자를 이용한 이 기법은 영국의 소아과 의사인 Margret Lowenfeld가 고안한 아동심리치료 기법으로 해석이나 전이 과정 없이도 아동이 자기의 생각과 정서를 쉽게 표현할 수 있는 새로운 매체이다. 모래놀이를 할 때 모래상자의 안은 물을 상징할 수 있도록 파란색이나 청록색으로 칠하고 상자의 위치는 시각적으로 편하게 볼 수 있도록 허리 높이에 두는 것이 좋다. 마른 모래상자와 젖은 모래상자를 함께 제시할 것을 권하며 모래의 종류는 은모래나 갈색 모래, 그 밖의 다양한 질감과 색깔의 모래를 첨가할 수 있다.

1) 모래놀이치료의 의의

모래상자를 이용하는 놀이치료기법은 아동의 내적 세계에 접근하기 위하여 고안된 것이다. 모래상자라는 이 새로운 매체는 아동의 동시적 사고를 표현하면서도 사고의 전체를 표현할 수 있고, 시각 · 촉각 등의 감각 요소를 포함하며 외부 세계와 관련성 없이도 이루어질 수 있어야 한다는 생각으로 만들어졌다.

2) 치료적 요소

- 비언어적으로 의사소통을 할 수 있다.

  무의식적인 것을 의식화하는 것으로 비언어적인 형태로 표현하는 것은 놀이치료의 중요한 방법이 될 수 있다. 발달이 지체된 아동과 문제가 복잡해서 언어화가 어려운 아이들에게 효과적이다.
- 다양한 연령에 적용할 수 있다.

  모든 아동에서 성인에 이르기까지 실시할 수 있다.
- 치료관계를 확립하는 매개체로서 역할을 한다.

  놀이를 하는 과정에서 어떤 작품을 만들어 가는 동안에 치료적 인간관계가 촉진되고 확립되어 간다.
- 장난감을 사용하기 때문에 흥미를 불러일으키기 쉽다.

  장난감으로 표현되는 작품은 입체적이면서 눈으로 볼 수 있는 작품이다. 또한 아동은 스스로 제작한 작품을 봄으로써 반작용적인 자극을 받게 된다.
- 모래를 사용하므로 촉감을 이용할 수 있다.

  신체와 마음은 상호작용의 관계에 있고 심리치료는 마음에서 작용하는 면이 강하지만 모래에 의해 신체적으로 작용하는 것이 가능하다.

3) 모래놀이치료의 실제

모래상자와 모래, 인간과 인간적인 생활 형태, 동물과 식물, 그 외 모든 자연물을 포함하는 작은 인형들을 이용하여 아동은 3차원의 공간에서 자기 세계의 의미를 창조한다. 모래놀이치료는 치유를 가능하게 하는 창조적 퇴행을 장려한다. 또한, 의식과 무의식의 연결 및 상호작용을 통하여 인간은 스스로 정신의 완전함을 이루려는 노력을 한다는 데 개념적 기초를 둔다.

모래놀이치료실에 갖추어야 하는 피겨(figure)들이 많이 필요하지만 몇 가지를 살펴보면 다음과 같다.

- 사람 : 가족, 종교적 인물들, 직업을 상징하는 사람들, 움직임을 나타내는 사람들, 피부색이 다양한 사람들, 신화적 인물, 원시인, 문화가 다른 사람들 등
- 동물 : 가축, 맹수, 암수와 어미와 새끼를 나타낼 수 있는 동물들, 알을 상징할 수 있는 것, 조류, 바다생물, 사라진 동물이나 전설적인 동물들, 곤충, 파충류 등
- 탈것 : 각종 자동차, 기차, 비행기, 로켓, 배, 가마, 말 등
- 자연물 : 돌, 조개, 나뭇잎, 풀잎, 나뭇가지 등

| 사진 10-2 | 모래놀이치료실

4) 모래놀이치료자의 역할

모래놀이를 통하여 아동이 만든 세계에 대한 해석은 치료자에게 매우 주의해야 할 부분이다. 왜냐하면 치료자는 아동이 만든 창조적 세계에 대하여 터무니없는 추론을 할 수 있고 아동이 경험하는 본질적이고 치유적인 과정을 방해할 수 있기 때문이다. 모래놀이치료에서 아동은 개별적이고 자유롭게 존재해야 하는 동시에 치료자와 심리적 모자관계를 조화롭게 이루어 가야 한다.

5) 모래놀이치료의 단계

- 동물 · 식물 단계(혼돈 단계)

  대개 첫 작품이나 초기 작품에 나타나며 현재 아동의 생활이나 그 아동이 현재 할 수 있는 것을 나타낸다. 즉, 아동의 정서적 혼란과 혼돈을 반영하는 작품을 꾸민다.

- 투쟁 단계

  전쟁 장면이나 파괴적인 장면들이 많이 나타난다. 또한 영웅이 등장하여 힘을 행사하는 장면이 꾸려진다. 이때 남자 아동들은 강한 자아를 재확립하기 위해 노력하며 투쟁이 외적으로 발산되는 형태가 나타난다. 그러나 여자 아동들은 소품을 이용하여 공상을 그들의 본능과 연결하여 표현하는 것을 볼 수 있다. 즉, 자기와 동일시되는 인형을 가두는 등의 행동이 보이기도 한다.

- 적응 단계

  이 단계가 되면 남자 아동들은 건설 공사 현장이나 트럭, 자동차 등 움직임이 많은 작품을 꾸민다. 이 시기에는 질서가 회복되어 자연과 사람 사이의 균형이 잡히며 생활에 리듬이 생긴다. 또한 실생활에서도 정상적인 적응을 하는 것을 볼 수 있다.

  여자 아동들은 사람과 지역사회를 적절히 연결하고 친밀감을 주는 마을을 꾸민다.

6) 모래놀이치료의 효과

모래놀이치료의 대상은 초기에는 아동에게 많이 적용하였지만 현재에는 유아부터 노인에 이르기까지 폭넓게 적용되고 있다. 적용 범위도 발달지체, 유사 자폐, 성학대 피해, 환각제 흡입, 폭력 문제, 알코올 중독 등의 치료까지 매우 다양하다.

모래놀이치료를 통해 다음과 같은 치료효과가 나타난다.

- 모래치료 과정에서 자신을 돌아볼 수 있는 통찰력이 생기고 왜곡된 부분들이 풀린다.
- 치료과정 속에서 자신의 나쁜 감정을 다 발산하여 긍정적인 면들이 부각될 수 있다.
- 문제행동이 감소되어 현실 생활에서의 적응력이 생긴다.
- 자신의 무의식 세계의 부정적인 내면을 표출함으로써 정서적인 안정을 꾀할 수 있다.
- 주의 산만한 아동이 모래놀이시간을 통하여 집중력이 향상된다.

| 사진 10-3 | 초등 5학년 남아가 만든 모래상자, 제목 : 죽음의 성

| 사진 10-4 | 초등 2학년 남아가 만든 모래상자, 제목 : 공사장

| 사진 10-5 | 우울이 높은 여자 성인이 만든 모래상자, 제목 : 소풍

3 치료놀이의 이해

치료놀이는 애착이론, 대상관계이론, 자아심리이론 등을 근거로 치료자와 아동 사이의 관계를 이용해 생의 초기 단계에서 이루지 못했던 모-자 애착관계를 다시 형성하고자 하는 접근 방법이다. 치료놀이의 접근 방법은 성인인 치료자가 주도권을 가지면서 '재미'있고 절대 '상처' 받지 않도록 하면서 신체적 접촉을 통해 함께 진행해 가는 방법이다. 치료놀이는 성인이 중심이 된 활동 위주의 놀이로서 지금, 현재 그리고 미래만을 생각할 뿐 과거에 초점을 두거나 가상놀이 같은 것은 하지 않는다. 그리고 아이의 현재 모습(부정적일지라도)에 대해 무조건적인 사랑을 줄 뿐이다.

1) 치료놀이의 원리

치료놀이의 원리로는 구조화하기(structuring), 개입하기(engaging 또는 intruding), 양육하기(nurturing), 도전하기(challenging)이다. 그 외 재미(playfulness)가 추가된다. 치료놀이 치료자(Theraplay therapist : 이후 TP 치료자로 칭함)는 모든 문제의 대부분이 애착형성에 기반한 관계 문제로 보고 부모와 아동의 관계 개선 증진을 통해 아동의 성장을 도모하고자 한다.

(1) 구조(structure)

아기는 부모에 의해 구조화(제한)되어 있으므로 이 안에서 해도 되는 것과 해서는 안 되는 것을 예측하고 안정감을 느낀다.

성인이 책임을 지고 있다는 사실은 아동을 안심시키고 아동에게 자기 자신을 통제하는 법을 가르쳐 준다. 구조화를 통해 아동은 내면적으로 외부적으로 무질서를 극복하게 한다. 과잉행동을 하는 아동, 산만하고 충동적인 아동, 무엇이든지 자기 마음대로 하려는 아동에게 적합하다.

(2) 도전(challenge)

도전은 생의 초기에 시작되며 이를 통해 아동은 성취감과 자신감을 갖게 된다. 아이는 새로운 세계에 대한 호기심으로 만족감과 능력의 감각을 느낄 수 있게 된다. 우리는 아동이 자신의 껍질을 깨고 나올 수 있도록 도전을 가르치며 그 도전에서의 성공을 격려하며 도전을 통해 아동의 심리적 만족도 얻게 한다. 도전활동은 재미있어야 하고 긴장감의 해소를 많이 허락해야 한다. 소심하고 소극적이며 불안하고 초조한 아동에게 적합하다.

(3) 개입(intrusion)

개입을 통해 아기는 자기 자신 이외의 세계와 접촉을 하고 탐색하고 타인과 차별화하며 호기심을 갖고 사회에 적응하게 된다. 아동은 모험, 변화, 새로운 관점 등을 통해 자극(놀라운 사건)이 재미있고 새로운 경험이라는 사실을 알게 된다. 시선을 피하는 아동, 위축되어 있고 경직되어 있는 아동, 과잉 보호 받아 사람들을 피하는 아동에게 적합하나 흥분하거나 혼돈된 행동을 보이는 아동이나 너무 쉽게 과잉자극을 받는 아동에게는 적합하지 않다.

(4) 양육(nurture)

양육은 아기들에게 필수사항으로 아이가 스스로 가치 있고 사랑스럽고 안전하다는 느낌을 배우는 것이다. 먹이고 안아 주고 달래 주고 쓰다듬어 주고 껴안고 뽀뽀하고 애무하는 양육적 보살핌을 통해 아동은 안도감, 안정감, 편안함을 느낀다. 공격적이고 과잉행동적이며 조숙한 척(pseudomature)하는 아동에게 적합하다.

2) 치료놀이의 실제

치료놀이의 실제를 구조화활동, 개입활동, 양육활동, 도전활동의 예를 들어 살펴본다.

(1) 구조화활동

활동의 예 : “셋을 세면 점프해”, “파란 사각형 위로만 걷기”, “꼬리 잡기” 등

꼬리 잡기

- **활동목표**

자신과 타인이 하나가 되는 경험을 통해 협동심을 기를 수 있고 더불어 타인에 대한 저항의 감정을 다룰 수 있다.

- **활동방법**

1. 5~6명씩 한팀을 이뤄 서로 다른 두 팀이 꼬리 잡기를 하게 된다.
2. 팀을 구성하면 먼저 제비를 뽑아 꼬리를 만들기 전에 서열을 정한다.
3. 꼬리 잡기 활동 시 맨 앞에 선 아동이 ‘머리’가 되고 맨 뒤에 선 아동이 ‘꼬리’가 된다.
4. ‘머리’가 된 사람이 상대팀의 ‘꼬리’를 잡으면 그 ‘꼬리’는 잡은 팀의 ‘꼬리’로 오게 된다.
5. 활동을 시작하기 전, 한팀은 한몸과 같으므로 앞의 사람을 놓쳐서는 안 된다는 점을 강조한다.
6. 활동을 진행하다 서열을 다시 정하여 새로이 시작할 수 있다.

- **기대효과**

‘머리’가 되어 보기도 하고 ‘꼬리’가 되어 보기도 하면서 다양한 위치의 역할을 경험해 볼 수 있다.

- **활동 시 유의사항**

활동을 시작하기 전에 아동들이 진행과정과 규칙을 충분히 이해할 수 있도록 자세한 설명이 필요하다.

(2) 개입활동

활동의 예 : 깍꿍놀이, 주근깨 세기, 문에 노크하고 엿보기, 숨바꼭질 등

물건을 뺨에 문질러서 알아맞히기

- **활동목표**

감각적 경험을 통해 긴장감을 완화할 수 있다.

- **준비물**

다양한 감촉의 재료(깃털, 솜, 다양한 재질의 헝겊, 딸기나 키위 같은 과일 등)

- **활동방법**

1. 6~8명이 팀을 이루어 둥글게 둘러앉는다.
2. 각 팀에 뺨에 문지를 다양한 재료를 나누어 준다.
3. 같은 팀 안에서 다시 둘씩 짝을 지어 마주보고 앉도록 한다.
4. 두 사람 가운데 한 사람은 준비된 재료 중 하나를 선택하여 상대 뺨에 살며시 문질러 주도록 하고, 나머지 한 사람은 눈을 감고 문지르는 재료의 느낌이 어떤지 그리고 그것이 무엇인지 말해 보도록 한다.
5. 다양한 재료를 활용해 같은 활동을 해 보고 활동이 끝나면 두 사람이 서로 역할을 바꾸어 같은 활동을 해 보도록 한다.

- **기대효과**

감각적 경험을 통해서 아동의 긴장감이나 위축된 감정을 이완하는 효과가 있다.

- **활동 시 유의사항**

물건을 문지를 때는 너무 세게 문지르지 않도록 설명한다.

활동을 소개할 때 미리 문지르기를 할 재료들을 소개하고 일정 재료에 알레르기가 있는 사람이 있는지를 물어 본다.

(3) 양육활동

활동의 예 : 먹여 주기, 로션이나 파우더 발라 주기, 안아 주기, 자장가 불러 주기, 면도하기, 담요에 싸서 흔들어 주기, 페이스 페인팅, 손바닥 · 발바닥 찍기 등

면도하기

- **활동목표**

긴장을 완화하고 감각적 경험을 통해 친밀감을 형성할 수 있다.

- **준비물**

생크림, 아이스크림 막대, 물수건

- **활동방법**

1. 먼저 두 명씩 짝을 짓게 한다.
2. 한 사람이 다른 사람의 턱에 생크림을 발라 주고 아이스크림 막대로 면도를 해 준다.
3. 면도를 다 한 후 따뜻한 물수건으로 서로의 얼굴을 닦아 준다.
4. 역할을 바꾸어 위의 활동을 다시 해 본다.

- **기대효과**

활동 속에서 재미와 즐거움을 느낄 수 있으며 그로 인해 위축된 감정이나 긴장을 완화할 수 있는 효과가 있다.

- **활동 시 유의사항**

활동에 들어가기 전, 얼굴에 상처가 없는지 확인하고 상처 부위는 피해서 활동할 수 있도록 지도한다.

(4) 도전활동

활동의 예 : 레슬링(다리, 팔, 엄지), 줄다리기, 베개 던지기, 물총싸움 등

베개 던지기

- **활동목표**

자신의 신체를 스스로 조절할 수 있는 능력을 기를 수 있다.

- **준비물**

베개 또는 쿠션

- **활동방법**

1. 먼저 아동들을 두 줄로 마주 서게 한다.
2. 처음에는 마주 보고 선 두 명이 서로 짝이 되어 베개를 던지고 받는다.
3. 이후 동그랗게 원을 만들어 서로 베개를 던지고 받도록 한다.
4. 이때 베개를 2~3개 준비해서 치료자가 하나, 둘, 셋을 외치는 순간 동시에 누군가에게 던질 수 도 있다.

- **기대효과**

활동을 통해 재미와 즐거움을 느낌으로써 긴장이나 갈등을 해소하고 감정을 정화할 수 있는 효과가 있다. 주의집중력을 기를 수 있으며 집단의 상호작용을 활발하게 유도해 낼 수 있는 효과가 있다.

- **활동 시 유의사항**

1. 집단 수는 10~12명이 적당하다.
2. 베개는 솜이 들어 있어 푹신한 느낌이 드는 것으로 선택한다.
3. 얼굴에는 베개를 던지지 않는다는 약속을 정한다.

생각해 봅시다(실습하기)

● 부적응행동 영유아를 돕는 놀이

	놀이명	놀이 활동 유무	어떤 영유아에게 적합한 놀이일까?					적합하다고 생각하는 부분 기술 (5가지 원리 중 어디에 해당하는지? 또는 특이사항)
			의존적	위축된	공격적	부주의	충동적	
1	신문지 펀치							
2	로션 놀이							
3	젠가 쌓기							
4	실뜨기							
5	에어캡							
6	과자 먹기							
7	선 걷기							
8	옮기기							
9								

CHAPTER 11

놀이관찰 및 평가

놀이관찰 및 평가

교사가 관찰한 많은 정보들을 효율적으로 관리할 수 있는 다양한 놀이관찰 방법 및 기록방법, 평가들에 대해 살펴보고자 한다.

1 영유아관찰

놀이행동을 체계적이고 객관적으로 관찰하는 것은 관찰자가 편견이나 주관적 해석 없이 유아들에게 일어나는 행동을 주의 깊게 기록하는 것이다. 유아들의 놀이행동을 정확하게 관찰하기 위해서는 다음과 같은 일반적인 지침을 염두에 두어야 한다.

- 먼저 영유아의 놀이에 대해 알고자 하는 것이 무엇인가를 결정하고 그러한 목적에 부합되는 방법을 선택한다.
- 영유아가 자신의 능력을 최대한 발휘할 수 있는 환경에서 관찰하도록 노력한다.
- 가능하면 실내와 실외 모든 영역에서 영유아를 관찰한다. 때로는 실외에서 바깥놀이를 할 때 질 높은 사회놀이나 인지놀이가 일어나는 경우도 있기 때문이다.
- 영유아들끼리 서로 친숙해지고 놀이환경에서 익숙해질 때까지 기다렸다가 관찰한다.
- 영유아의 놀이행동을 정확히 관찰하기 위해서는 반복하여 관찰한다. 기본적인 놀이관찰을 다음 표와 같은 내용을 기준으로 하여 기록을 할 수 있다.

| 표 11-1 | 놀이관찰 기록의 예

놀이관찰 날짜	년 월 일	놀이관찰 내용
관찰자		
관찰대상 유아		
대상 유아 연령		
놀이관찰 장소		
총 관찰 시간		
놀이의 총 종류수		
평균 놀이시간		
놀이 참여 유형		
놀이 참여 유아수		
놀이 참여 성인수		
가장 짧은 참여시간		
가장 짧은 놀이명		
가장 긴 참여시간		
가장 긴 놀이명		
관찰시간		
관찰자와 아동 관계	가족 ( )	
	친인척 ( )	
	아는 관계 ( )	
	모르는 관계 ( )	

2 관찰방법

1) 시간표집법(time sampling method)

특정 행동을 특정 시점에서 관찰하는 방법이다. 정해진 관찰기간 동안 계속 관찰하는 것이 아니라 일정한 시간 간격으로 여러 번 반복하여 행동을 관찰하고 그 결과를 기록한다. 관찰을 기록하는 방법은 행동 출현 유무를 체크(∨)하는 방식, 행동 출현의 빈도수를 세기표(/)로 기록하는 방식이 주로 사용된다. 시간표집법의 예이다.

| 표 11-2 | 시간표집법 기록의 예

• 관찰대상: 홍로희 • 관찰장소: • 연령: • 성별:
• 관찰자: • 관찰일시:

초	사회적놀이							비고
	혼자 놀이	병행 놀이	집단 놀이	기능 놀이	구성 놀이	극화 놀이	규칙 놀이	
20	√							블록탐색
40	√				√			혼자 벽돌담 구성
60	√							
80		√						
100		√						
120		√			√			주위 친구에게 담을 같이 쌓을 것을 제안
140		√						
160			√		√			다른 친구가 도로를 만들자고 제안
180			√		√			

200			√		√			재성이와 자동차를 가지고 함께 놀이함
220			√			√		레고블록으로 만든 자동차를 순찰차로 지칭
240			√			√		역할놀이 영역에서 경찰복장을 가져와 입음
260			√			√		
280			√				√	경찰처럼 친구에게 다가가 위반사실을 통보하고 종이에 스티커를 발부함
300			√					
320			√					
합계	3	4	9		5	3	1	
요약	• 로희는 블록을 가지고 담을 쌓는 구성놀이를 하였으나 친구들의 제안으로 도로를 구성하는 놀이를 함 • 친구 재성이가 자동차를 가지고 안으로 진입하자 로희는 역할놀이 영역에서 경찰복장을 입고 등장하여 규칙을 위반한 재성이에게 종이와 펜을 들고 스티커를 발부하는 흉내를 내는 극화놀이가 나타남							

출처 : 김이영 외(2015). 아동관찰 및 행동연구. 정민사. p.159 재구성.

2) 사건표집법(event sampling method)

사건표집법은 하나의 특정 행동이나 사건이 발생할 때만 관찰하는 방법으로 관찰하고자 하는 행동이 출현할 때까지 기다렸다가 발생 시 기록한다. 사건표집법은 관찰 시간이 적게 들지만 행동의 원인을 알아내야 하는 어려움이 있다.

어떤 사건이나 행동이 일어나기 전의 상황(Antecedent event: A), 사건이나 행동(Behavior: B), 사건이나 행동이 일어난 후 결과(Consequence: C)의 반응을 순서대로 기록하는 ABC 서술식 사건표집법과 도표를 가지고 미리 정해진 범주의 행동이 일어날 때마다 기록하는 빈도사건표집법이 있다.

| 표 11-3 | ABC사건표집법의 예

• 관찰유아: 김초우	• 생년월일:	• 성별:
• 관찰자:	• 관찰일시:	• 관찰장면:

• 관찰행동: 자유놀이시간 역할놀이 영역에서 보이는 부정적 행동

날짜	사건 전	사건(갈등상황)	사건 후
4월 10일	초우는 역할놀이를 하며 친구 지은이와 함께 음식을 만들며 요리사놀이를 한다.	지은이가 식탁 위에 채소모형을 올려놓자 초우는 화를 내며 "이거 왜 여기에! 여기에! 올려? 여기에 올리는 거 아니야!" 라고 소리치며 채소모형을 치운다.	지은이는 얼굴을 찡그리고 슬픈 표정을 지으며 "이거 여기 올려놓고 놀고 싶은데 왜 그래"라고 말하며 초우를 쳐다본다.
4월 13일	초우는 미용실놀이를 함께 하는 친구 소라에게 '내가 머리 잘라줄게' 라고 말한다.	소라가 "너는 손님이고 내가 머리 잘라주는 거야"라고 말하자 초우는 화를 내며 "싫어, 왜 니 마음대로 정해, 내가 머리 잘라주는 사람이야" 라고 말한다. 그러자 소라는 "싫어 내가 먼저 할 거야"라고 말한다.	초우는 교사에게 달려가 "선생님 내가 먼저 잘라줄 건데, 소라가 자기가 자를 거라고 떼를 써요"라고 말한다.
요약	자신의 마음에 들지 않으면 친구에게 자신의 감정을 그대로 표현한다(사회관계). 자신의 의견을 친구에게 적극적으로 표현한다(의사소통). 미용실놀이에 대해 알고 있다(사회관계).		
추론 및 평가	친구와 놀이를 할 때 자기중심적인 모습이 보인다. 친구들과의 놀이에서 주도적인 모습을 보이지만 이로 인해 친구관계에 어려움을 보인다. 친구입장에서 생각하는 것을 어려워하고 자신의 생각만을 고집한다.		
관찰을 통한 지원	친구의 마음을 헤아려볼 수 있는 기회를 동극, 동화책, 이야기나누기 형태의 활동으로 제공해 준다. 주도적으로 놀이를 이끌기도 하고 놀이의 한 구성원이 되어 양보하며 놀이하는 기회를 가질 수 있는 기회를 마련해 준다.		

출처 : 강현경, 김성숙, 김정희(2021). 아동관찰 및 행동연구. 학지사. p.51 수정 보완함.

3) 행동목록표(checklist method)

관찰자가 일련의 행동목록을 사전에 준비하고 목록에 있는 각 행동이 나타나는지 아닌지를 관찰하여 체크로 표시하는 방법이다.

| 표 11-4 | 행동목록표의 예

• 관찰유아: • 생년월일: • 성별:
• 관찰자: • 관찰일:

체크리스트에 있는 행동이 나타나면 √로 표시한다.	예	아니오	비고
1. 친구들과 함께 놀이를 한다.			
2. 다양한 놀이에 참여한다.			
3. 친하게 지내는 친구가 많다.			
4. 친구에게 놀이를 하자고 제안한다.			
5. 새로운 교구에 흥미를 보인다.			
6. 새로운 환경에 적응을 한다.			
7. 문제상황이 생기면 말로 해결한다.			
8. 친구와 약속을 지킨다.			
9. 차례를 잘 지키고 잘 기다린다.			
해석			
교수계획			

4) 평정척도법(rating scale method)

연구 대상의 행동을 관찰한 후 일정한 위치에 평정하도록 하여 수량화된 점수를 부과한다. 사회적 적응을 평가하는 데 자주 사용되며 대개 행동이 끝난 후에 하거나 아동이 없을 때 기록한다.

| 표 11-5 | 평정척도법의 예

	유아의 놀이성 정도				
	전혀	조금	다소	많이	아주 많이
신체적 자발성					
동작이 잘 협응된다.					
유아는 신체적으로 능동적이다.					
보다 능동적인 것을 선호한다.					
달리기, 한발뛰기, 껑충뛰기, 도약을 많이 한다.					
사회적 자발성					
타인의 접근에 쉽게 반응한다.					
타인과의 놀이를 제안한다.					
놀잇감을 흔쾌히 공유한다.					
놀이 시 지도자 역할을 한다.					
인지적 자발성					
스스로 게임을 창안한다.					
놀이에서 비전형적인 놀잇감을 사용한다.					
여러 가지 배역을 가장한다.					
놀이 동안 활동을 변화시킨다.					

	유아의 놀이성 정도				
	전혀	조금	다소	많이	아주 많이
분명한 즐거움					
놀이하는 동안 즐거움을 표현한다.					
놀이 동안 충만함을 나타낸다.					
놀이 동안 열정을 보인다.					
놀이 동안 감정을 표현한다.					
놀이하면서 노래하고 말을 한다.					
유머 감각					
다른 유아들과 농담을 즐긴다.					
다른 사람을 조용하게 놀린다.					
재미있는 이야기를 한다.					
유머러스한 이야기에 웃는다.					
익살부리는 것을 좋아한다.					

5) 일화기록법(anecdotal method)

일화기록법은 시간이나 장소의 구애를 받지 않고 특정 행동이나 사건을 사실적으로 기록하는 방법으로 언제, 어디서나 관찰하고 기록할 수 있다. 일화기록은 교실에서 교사가 영유아의 행동을 있는 그대로 관찰하고 기술하는 것이므로 영유아의 일상적인 행동을 이해하는 데 도움이 된다. 따라서 일화기록법은 교사의 입장에서 가장 손쉽게 접근할 수 있는 영유아 이해의 방법이다. 일화기록을 할 때에는 다음과 같은 점에 유의한다.

- 사건이 생긴 후 곧 기록한다. 언제나 기록할 수 있도록 연필과 기록카드를 항상 가까이에 놓는다. 영유아가 보는 앞에서는 기록하지 않는다.
- 대상 인물의 말과 행동을 구별해서 기록한다.
- 관찰시간, 장면, 진행 중인 활동 등 상황적인 자료를 반드시 기록에 포함한다.
- 대상 인물의 언어와 행동을 기록함과 동시에 그 상황에 있는 다른 사람들의 반응도 기록한다.
- 대화의 정확한 의미를 파악하기 위해서 대상 인물이 사용한 말을 그대로 인용한다.
- 일련의 사건을 기록할 때에는 사건이 일어난 순서대로 기록한다. 즉, 일화에는 시작, 중간, 끝이 있어야 한다.
- 일화의 내용을 구체적으로 쓰며 일반적이고 평가적인 면으로 쓰는 것은 피한다.
- 객관적이고 사실적이며 완전한 기록이어야 한다. 간결하고 객관적으로 편견이 개입되지 않도록 한다.

| 표 11-6 | 일화기록법 관찰양식의 예

<table>
<tr><td>관찰유아</td><td></td><td>생년월일</td><td></td></tr>
<tr><td>관찰일</td><td></td><td>관찰자</td><td></td></tr>
<tr><td>관찰장면</td><td colspan="3">등원시간에 엄마와 헤어지기</td></tr>
<tr><td colspan="4">관찰내용</td></tr>
<tr><td colspan="4">초우가 교실 앞에서 엄마의 손을 잡고 울고 있다. 책을 읽던 지은이가 책을 놓고 초우에게 다가간다. 초우의 눈물을 닦아주며 "괜찮아" 라고 말한다. 초우가 눈물을 그치며 지은이를 바라본다. 지은이가 초우의 손을 잡아주자 초우의 엄마는 교실에서 나간다.</td></tr>
<tr><td colspan="4">관찰내용 해석</td></tr>
<tr><td colspan="4"></td></tr>
<tr><td colspan="4">평가</td></tr>
<tr><td colspan="4"></td></tr>
</table>

6) 영상 촬영을 통한 기록

디지털 카메라나 비디오 카메라는 평가와 교수-학습 활동에 유용하게 활용할 수 있는 매체들이다. 디지털 사진은 교실 내 컴퓨터를 통해 쉽게 다운받고 프린트할 수 있다. 사진은 풍부한 정보원이고 다른 관찰자료를 통해 얻은 정보를 보완해 사건에 대한 정확한 세부 내용을 제공해 준다. 놀이 장면을 카메라로 찍을 때 무작위로 찍어서는 안 되며 사진을 찍는 목적과 순간을 분명하게 인식하고 있어야 한다. 관찰해야 하는 유아들의 놀이행동을 잘 포착해야 하며 찍은 후의 사진은 놀이의 수준이나 상태를 탐구하는 데 중요한 정보를 제공해 줄 수 있어야 한다. 비디오 카메라 역시 컴퓨터에 탑재할 수 있고 편집이 가능해 편리하다. 비디오 촬영을 통해 놀이 관찰을 하는 것은 다음과 같은 측면에서 의의가 있다.

- 교사가 영유아놀이를 체계적으로 관찰할 시간을 내기 어려운 문제점을 보완해 줄 수 있다. 비디오 카메라를 관찰하고자 하는 놀이 영역에 설치해 두고 자동으로 기록하게 되면 언제든지 재생해 볼 수 있다.
- 비디오 촬영은 관찰보다 더 상세한 기록을 제공해 준다. 놀이 유형, 놀잇감, 영유아와 또래, 영유아와 성인 간의 상호작용 내용, 사용된 언어나 몸짓들을 보여 준다.
- 비디오 녹화는 교사들의 관찰기술 증진에도 도움을 준다. 녹화된 비디오 테이프를 틀어 두고 몇몇 교사가 함께 보면서 행동목록표나 평정척도에 기록해 보거나 기록한 것을 비교해 봄으로써 놀이관찰의 신뢰도와 일관성을 증진시킬 수 있다.
- 교사가 자신의 놀이지도 기술을 증진하기 위해 비디오를 사용할 수 있다. 자신이 촬영한 비디오를 보면서 자신의 놀이지도 방법을 검토를 할 수 있다.

3 놀이(교육적)관찰과 기록

놀이기록과 관찰기록은 교사가 영유아의 놀이상황을 관찰하면서 기록이 이루어진다는 공통점을 가지고 있다. 그러나 교육적 기록은 '아동관찰'과 혼용되서는 사용되면 안 된다. 아동관찰은 발달심리학 연구결과가 제안한 선결정된 범주에 따라 특정 연령에 정상 아동이 해야 할 행동과의 관련성 속에서 어린이들의 심리발달을 평가하는 것. 이런 관찰의 초점은 어린이들의 학습과정에 있는 것이 아니라 발달 수준이나 단계라는 일반적 도식 아래 분류하고 범주화하는 데 있다. 아동 관찰의 주요 임무는 아동이 표준을 달성하고 있는지를 평가하는 일이다. 반면 교육적 기록은 교육현장에서 무슨 일이 일어나고 있는지, 아동은 무엇을 할 수 있는지를 선결정된 기대의 틀이나 규범 없이 알아보려 하고 이해하고자 하는 데 주된 관심이 있다(Dahlberg, Moss, & Pence, 1999/2013: 327).

1) 놀이기록과 관찰기록

놀이기록은 정해진 규준 없고 교사의 주관적 해석, 전문적 판단 요구된다(박보영, 2022). 보편성보단 개별성을 강조하고 유아의 특성과 놀이를 이해하고, 이에 따른 개별화된 지원을 한다. 놀이 장면을 기록하고 장문의 글이나 이미지 등을 복합적으로 사용하고 현상을 다각적 측면에서 이해하는 데 목적을 두고 기록한다.

관찰기록은 표준화된 규준을 가지고 객관적 관점기록(박보영, 2022)하며 평가를 목적으로 영유아의 일정 규준에 기초하여 이해하고, 일정 규준으로 이끌어야 하는 것이다. 관찰기록은 정해진 체크리스트를 활용하거나 매우 짧게 기록할 수 있다.

영유아에 대한 관점에서 개정 누리과정은 영유아가 중심이 되는 교육의 실현을 강조하는 것(김경숙, 강은영, 2020)으로 「2019 개정 누리과정 해설서」에서 놀이기록을 통해 교사가 영유아와 영유아의 놀이를 존중하게 되며, 놀이경험이 교육적 가치를 지닐 수 있도록 지원할 수 있다고 보았고, 교사의 놀이기록 수행은 교육과정의 성과에 큰 영향을 미치는 것으로 제시되어 있다(양수영, 2023).

'기록'은 유아와 유아의 행동을 '들여다보고', 일련의 과정 중 가치 있는 것을 '흔적으로 남김'으로써, 그것의 '의미를 찾는' 해석 과정을 말한다(김경철, 이민영, 2022). '기록'은 단순히 시각적으로 남겨놓는 것이 아니라, 의미 있는 순간의 모습을 보존하고 재방문할 수 있으며 배움으로 이어진다. 기록은 우리가 영유아들을 바라볼 때 어떤 렌즈를 통해 무엇을 바라보고 어떻게 현상을 읽고 있는지를 볼 수 있게 해 주고, 사회적 공유과정을 통해 더욱 겸허하고도 열린 태도로 다가설 수 있게 해준다(Olsson, 2017). 기록할 때 교사는 자신이 기록하고 있는 영유아의 사고와 말과 행위, 그리고 교육자로서의 자신과의 사이에 관계를 구성하는 것이다(김미정 정가윤, 2023).

2) 놀이기록방법

영유아 관찰을 통해 놀이기록을 하는 방법은 다음과 같다(김수희, 2024).

① 일상생활에서 유아가 가장 잘하는 것, 흥미와 관심, 친구관계, 놀이를 이어가기 위한 자료 활용 등에 주목하여 기록

② 정해진 서식이 없으며 다양한 방식으로 기록 가능
- 시간/기록분량/형식/기관의 자율성
- 메모지나 수첩, 사진 등 영아명, 시간, 장소, 상황 등 간단기록

③ 기록을 위해 과도한 자료 수집보다는 유아의 놀이지원이 더 중요/놀이의 흐름을 끊지 않도록 하기

④ 객관적 사실, 교사의 반성적 사고 유아의 놀이이해, 한 유아만이 아닌 전반적인 놀이과정의 관계 중심의 관찰기록

⑤ 표정 몸짓 드러나는 놀이의 의미와 특성 주목, 메모, 사진 등 용이한 방법으로 기록

⑥ 핵심 단어 중심으로 짧게 기록, 유아작품과 구성물 사진 찍어두었다가 사후에 기록

⑦ 일일계획안 평가란 또는 일지양식에 반영하여 기록하는 방식

⑧ 유아들의 실제 놀이 모습을 계획안에 기록

⑨ 놀이 결과물과 작품 등을 일상적으로 수집

[놀이기록사례 예시 1]

개미와의 또 다른 만남
개미에 대한 어린이들의 호기심이 커짐과 동시에 연 이은 폭염과 장마로 바깥놀이를 나가지 못하는 안타까운 상황이 발생하였다. 그러나 어린이들은 교실 안 놀이 속에서도 끊임없이 개미에 대한 관심을 표현하였다
(교사고민:
개미에 대한 관심이 소진될까에 대한 고민).

개미에 대한 흔적이 많아질수록 상상 속 개미의 이야기들이 어린이들 사이에서 풍성해졌고, 초기의 개미 생 김새에 대한 표상은 점차 로봇개미, 여왕개미, 일개미, 병정개미, 아기개미 등으로 구체화 되어지고 개미집 에 대한 이야기로 확장되어졌다**(놀이확장)**

"여긴 아기 개미가 태어나는 알 방이야. 알방에는 알이 가득해."
"파티방에서는 곤충이 모여서 알에서 태어난 개미에게 축하노래를 불러줘."
"침대방도 있어! 개미들이 우리처럼 자는 방이야."

개미를 만나기 위한 도전과정이 담긴 사진과 영상을 되돌려주자, 개미를 떠올리며 도화지 위에 자유롭게 표상하기 시작했다. 표상물을 교실 벽면에 붙여주자 점차 교실 벽면은 어린이들의 개미 표상물로 채워져 나갔다
(교사지원: 놀이되돌려주기)

출처 : 영등포구육아종합지원센터(2023). YD놀이공모전 수상작.

[놀이기록사례 예시 2]

놀이 시작과 동시에 수민이와 지은이는 아이스크림 마을을 어떻게 만들 지에 대해 이야기를 나눴다. 전체적인 형태와 색의 사용, 각 공간의 쓰임 등에 대해 정하고 검정색 테이프로 전체적인 형태를 먼저 만들었다.

수민 "과자는 한 칸이 집이야. 가족들이 사는 집이니까 작게 만들어야 해. 그래야 아파트가 되거든."
지은 "그건 아니지 않아? 여기에다 해야지. 여기에 아파트를 하기로 했잖아."
수민 "그래도 과자에 작은 네모가 있으니까 더 아파트 같지않아? 잘 봐. 여기 아이스크림 네모 칸 있지?" (서로 마주보며 침묵)
지은 "우리 계획이랑 달라지기는 하는데.... 그래. 과자가 더 아파트 같기는 하겠다. 그러면 여기는 빨간색 엘리베이터야. 초록색 말고."
수민 "알았어. 그렇게 하자."

수민이는 아이스크림 마을을 완성하기 위해 전체적인 건물의 형태, 위치와 방향에 대한 의미를 부여하며 놀이를 진행하였다. 지은이는 의견이 일치하지 않을 때는 자신의 생각을 먼저 이야기 하기 보다는 상대방의 이야기를 먼저 들어주는 모습을 관찰할 수 있었다. 수민이와 지은이는 맡은 공간에 대한 역할을 나누고 서로 의견을 물으며 공간을 구성해 나갔다.

출처 : 교육부(2020). 놀이실행자료.

| 표 11-7 | 보육교사의 유아 놀이관찰기록 예

<table>
<tr><td colspan="2" rowspan="2">D어린이집
유아놀이관찰기록</td><td>관찰연령, 담임: 만 5세반 C 교사</td></tr>
<tr><td>관찰일:</td></tr>
<tr><td colspan="2">놀이명</td><td>돌에 그림그리기 놀이</td></tr>
<tr><td colspan="2">놀이의 기대</td><td>• 돌에 대하여 호기심을 갖고 탐구하는 태도를 기른다.
• 돌에 그리고 싶은 것을 그림으로 그려보며 창의력과 예술성을 기른다.</td></tr>
<tr><td colspan="2">놀이환경</td><td>• 돌에 호기심을 갖고 탐색할 수 있도록 다양한 재질과 모양의 돌멩이를 충분히 지원해 준다.
• 돌에 자신이 그리고 싶은 것을 그림으로 표현할 수 있도록 색연필, 사인펜 등 다양한 그리기 도구를 준비해 준다.</td></tr>
<tr><td rowspan="3">놀이
경험
관찰</td><td>놀이
시작</td><td>한 유아가 매트 위에 있는 다양한 재질과 모양의 돌에 관심과 호기심을 보이며 손으로 만져보고 탐색하는 모습을 보고, 교사가 마음에 드는 돌을 골라 자신이 그리고 싶은 것을 그림으로 표현할 수 있도록 제안하자 돌에 그림 그리기 놀이를 시작한다.</td></tr>
<tr><td>첫째날</td><td>한 유아가 돌멩이에 그림을 그리기 시작하자 그 모습을 본 대부분의 유아들도 관심과 흥미를 보이며 다가와 좋아하는 돌을 하나씩 골라 그리고 싶은 그림을 그리며 몰입하는 모습을 보였다(중략). 돌 전체를 빨간색 사인펜으로 색칠하며 '태양'을 표현한 유아, 돌에 '무지개 돌'이라 쓴 후 돌 전체에 여러 가지 색깔의 사인펜으로 색칠하며 표현한 유아, 좋아하는 동물을 표현한 유아, 아침에 달이 떠 있는 모습을 표현한 유아 등 자신만의 생각과 느낌을 자유롭게 돌에 표현하는 모습을 보인다(중략). 자유놀이가 끝나고 교사는 유아들과 함께 의논하여 다음 날 돌 그림을 전시하기로 한다. 전시할 장소를 창문 아래에 했으면 좋겠다는 의견이 많아 창문 아래에 전시하기로 정한다(중략). 이후 기관에 모든 분들을 초대하여 전시회를 하기로 정했다.</td></tr>
<tr><td>둘째날</td><td>유아는 자신이 그린 돌 그림을 원하는 곳에 전시한 후, 이름표에 '무지개 돌' 이라 이름을 써서 붙인다. 그 모습을 본 다른 유아들도 관심과 흥미를 보이며 자신이 만든 돌 그림을 전시한 후 제목을 써서 붙인다. 글자 쓰기가 어려운 유아는 교사가 써준 후 따라 써 보도록 지원한다. 다른 한 유아는 교사에게 "선생님, 어제 '돌 그림 전시회'라고 써서 줄에 붙이기로 했잖아요. 제가 해볼게요."라고 말한다. "그래~ 맞아 전시회 이름을 써서 붙이기로 했지?(중략). 다음날 초대장을 만들어 전달해 주기로 하였고 전시회에 갔을 때 지켜야 할 규칙에 관해서도 이야기 나눈다. 교사는 유아들이 초대장을 만들 수 있도록 다양한 색지와 색종이를 지원해 준다.</td></tr>
</table>

놀이 경험 관찰	셋째날	색종이를 반으로 자른 후 사인펜으로 '돌 전시회에 초대합니다'라고 써서 색종이를 접어 만든 봉투에 넣는다. 그리고 만든 초대장을 원장님과 각 반 선생님께 전해드린다(중략). 선생님과 동생들이 관람하며 돌 그림을 만지는 모습을 보고 '눈으로 보세요. 제발요'라는 안내문을 종이에 써서 전시된 돌 그림 위의 유리창에 붙이기도 한다. 지혜반 동생들은 좋아하는 형님께 색종이로 접은 하트 꽃을 돌 뒤에 올려놓았고, 원장님께서는 포도주스를 선물로 가져오셔서 점심 식사 후 친구들과 맛있게 먹었다.
놀이를 통한 배움	신체 운동	• 신체활동 즐기기 – 신체 움직임을 조절하기 유아들이 자신이 좋아하는 돌을 골라 사인펜으로 그림 그리기 놀이를 하며, 눈과 손을 협응하여 소근육을 조절할 수 있다.
	의사 소통	• 읽기와 쓰기 – 읽기와 쓰기에 관심 가지기 유아가 그린 돌 그림의 제목을 글자로 표현할 수 있으며 읽을 수 있다.
	사회 관계	• 더불어 생활하기 – 친구들과 협동하여 놀이하며 사이좋게 지내기 친구들과 서로 협동하며 돌 그림 전시장을 예쁘게 꾸미고 초대장 만들기를 하며, 친구들과 사이좋게 지낼 수 있는 사회적 기술을 익힐 수 있다.
놀이를 통한 배움	예술 경험	• 창의적으로 표현하기 – 다양한 미술활동으로 자신의 생각과 느낌을 표현하기. 돌에 그림 그리기 놀이, 전시회 이름 꾸미기 놀이, 초대장 만들기 놀이를 통하여 유아 스스로 다양한 미술활동을 경험할 수 있으며, 자신의 생각과 느낌을 창의적으로 표현할 수 있다.
	자연 탐구	• 탐구과정 즐기기 – 주변 사물에 호기심을 갖기 유아들이 호기심을 가지고 다양한 돌을 만져보고 탐색할 수 있다.
	주도성	• 자발적 참여 – 관심과 흥미가 있는 놀이에 자발적으로 참여하기 돌에 그림 그리기 놀이하는 친구의 모습을 보고 대부분의 유아들이 관심과 흥미를 가지고 자발적으로 놀이에 참여할 수 있다.
	즐거움	• 몰입 – 관심과 흥미가 있는 놀이에 몰입하기 유아들은 자신이 좋아하는 그림을 그리면서 놀이에 몰입할 수 있고, 스스로 선택한 놀이에 흥미를 갖고 친구들과 서로의 그림에 대해 이야기 나누면서 즐거움을 느낄 수 있다.

<table>
<tr><td colspan="2">배움의 방식과 과정</td><td>'돌에 그림 그리기' 놀이를 통하여 유아들은 자신이 생각하는 그림을 돌에 표현하고 색칠하며 예술성과 창의성이 뛰어남을 알 수 있었고, 몰입하여 놀이하는 모습도 볼 수 있었다. 또한 돌에 그린 그림의 제목을 글로 표현하고 읽어보며 글자에 관심을 가질 수 있었다. 전시회 이름을 써서 친구들과 함께 꾸미고 서로 봐주기도 하며 꾸민 이름을 집게를 사용하여 전시하는 모습을 통해 친구들과 소통하며 사이좋게 지낼 수 있는 사회적 기술도 익힐 수 있었다. 동생들이 전시된 돌 그림을 만진 것을 확인하고 '눈으로 보세요. 제발요'라고 써서 붙이는 유아들의 모습을 보며, 전시회장에서 지켜야 할 기본적인 예절에 대해 잘 숙지하는 모습도 볼 수 있었다. 몇 명의 유아들이 평소에 그림그리기 놀이에 전혀 관심을 보이지 않았지만, 종이가 아닌 돌에 그림 그리기 놀이를 하니, 함께 동참하여 즐겁게 놀이에 참여하는 모습도 볼 수 있었다. 다른 반 동생들과 원장님을 초대하기 위해 모두가 힘을 모아 전시회 준비를 하면서 협동심을 배우고 성취감을 느끼며 자신의 작품이 소중하게 전시된 것을 보면서 자존감도 키울 수 있었다.</td></tr>
<tr><td rowspan="2">교사의 지원</td><td>공간</td><td>전시한 돌 그림을 잘 관람할 수 있도록 교구장과 책상 의자를 다른 곳으로 옮겨 관람할 공간을 확보해 주었다.</td></tr>
<tr><td>자료</td><td>돌에 그림을 그릴 수 있도록 다양한 색깔의 사인펜과 색연필을 지원해주었고, 만든 작품에 이름을 써 넣을 수 있는 이름표와 돌 그림이 돋보일 수 있도록 빨간색 펠트지를 깔아 지원해 주었다. 그리고 초대장을 만들 수 있도록 다양한 색지와 색종이도 지원해 주었다.</td></tr>
</table>

출처 : 권은주(2022). 영유아놀이 관찰기록과 공유를 통한 보육교사와 부모의 변화 및 경험. 대구한의대학교 박사논문. pp.124-129 수정 보완함

3) 놀이 속 의미 찾기

교사는 영유아의 놀이를 관찰하며 왜 영유아가 이런 행동과 말을 할까? 또는 이 놀이는 영유아에게 어떤 의미가 있을까? 이 놀이를 반복하는 이유는 무엇일까? 이 놀이에서 어떤 마음과 감정을 표현하고 싶은 걸까? 등 영유아의 놀이를 관찰하며 다양한 질문을 교사 스스로에게 가지는 자세가 필요하다. 또한 영유아의 놀이 속 의미를 발견하고 그 놀이를 지원하고 확장을 위한 노력 및 배움지원을 위한 교사역할에 힘써야 한다.

| 사진 11-1 | 사진 속 유아의 놀이는 이전에 경험한 것과는 어떤 관련이 있을까?

| 사진 11-2 | 이 놀이는 영아에게 어떤 의미가 있는 것일까?

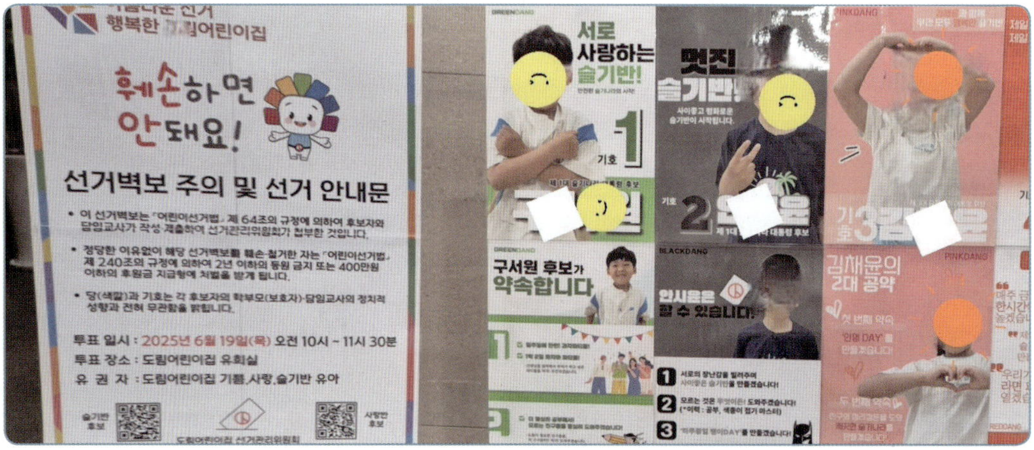

| 사진 11-3 | 이 놀이는 어떻게 전개되고 확장되어 갈까?

교사는 영유아와 함께 할 수 있는 놀이 또는 활동을 계획한 후 평가표를 통해 놀이 및 활동이 잘 이루어졌는지 살펴볼 수 있는 평가표의 예이다.

| 표 11-8 | **활동 및 놀이 평가표**

범 주	평 가 내 용	평가			비고
		상	중	하	
놀이&활동 선정	• 놀이주제와 연계되는가?				
	• 영유아들의 발달에 적합한가?				
	• 교육적 가치가 있는가?				
환경	• 놀이할 수 있는 충분한 공간이 있는가?				
	• 놀이를 진행하기에 안전한 공간인가?				
매체	• 놀이에 필요한 자료가 준비되어 있는가?				
놀이&활동 지도 과정	• 놀이하기에 적절한 대형으로 앉았는가?				
	• 주의집중 및 수업을 위한 도입의 수수께끼, 동화, 자료설명, 경험회상 등의 도입방법을 사용하는가?(동기유발적절한가?)				
	• 놀이방법을 소개하는가?				
	• 놀이규칙을 정하는가?				
	• 시범을 보여주는가?				
	• 영유아들의 흥미에 따라서 반복하거나 중단하는가?				
	• 교수학습 자료가 적합하며 적절하게 활용되었는가?				
	• 영유아들의 창의적인 사고를 고려하여 발문이 이루어졌는가?				
	• 영유아들의 질문에 적절한 대답을 주는가?				
	• 교수언어가 적절하며 유아들에게 친근감이 있는가?				
	• 영유아의 참여가 적절하게 잘 이루어졌는가?				
	• 지도 절차 및 시간 배분이 합리적인가?				
마무리	• 영유아들과 함께 오늘 활동과 놀이에 대한 평가를 하는가?				
	• 놀이가 끝났음을 알리고 다음 놀이 또는 활동을 소개하는가?				

실습해 보기

놀이기록을 통해 놀이흐름 보기

지난 4월부터 기쁨반 교실 창가에는 유아들이 기르고 있는 식물들이 있다.
6종류의 식물들을 기르고 있는 아이들. 그중에서 4종류의 식물만이 싹을 틔우고 자라고 있다.
기쁨반 유아들은 우리 팀의 식물이 아니더라도 물을 주고 애정을 표현하며 소중히 기르는 중이다. 그 중 해바라기는 줄기가 길고 얇은 것에 비해 꽃봉오리가 큰 편이라 자꾸 쓰러지는 것을 유아들이 발견하여 도움을 요청하였고 빨대로 고정해둔 상태이다.

해바라기의 꽃이 개화하면서 빨대로 고정해둔 것이 무색하게 계속해서 기울어지는 것을 발견한 기쁨반 유아들이다.

유아1 : 선생님!! 또 해바라기가 쓰러졌어요!!
유아2 : 아하하 이게 뭐야~! 웃기잖아!
유아1 : 히히 OO야 이거 어떻게 하지?
유아2 : 선생님 이거 봐요. 웃기지요?
교 사 : 해바라기가 또 쓰러졌구나. 이제 키가 너무 커서 빨대로는 고정되지 않나 봐.
유아1 : 어, 꽃에 점이 엄청 많네. 그럼 내가 이렇게 잡아줄까요?

유아1이 줄기를 잡고 세워준다.

주변에서 놀이를 하던 다른 유아들이 곁으로 다가온다.

유아3 : 왜 그래? 무슨 일이야?
유아4 : 비켜 봐. 나도 볼래. 나도 보고 싶어.
유아1 : 아니, 해바라기가 자꾸 넘어져서.
유아3 : 응? 해바라기가? 왜? 어떻게?
유아1 : 이거 봐봐.

유아1이 잡고 있던 줄기를 놓자 해바라기가 그대로 기울어진다.

유아3 : 어! 깜짝이야! 이거 또 넘어지네?
유아4 : 아, 깜짝이야. 뭐야~ 놀랐잖아. (유아1을 향해 웃은 뒤 원래 놀이를 하던 곳으로 이동함.)
유아1 : 응. 자꾸 넘어져 있어서 내가 잡아주고 있었어.
유아2 : 내가 잡아줄게. 나도 잡아보고 싶어.
유아3 : 근데 이거 어떻게 하지? 자꾸 넘어지잖아.

유아3이 자꾸 기울어지는 꽃을 세워두기 위한 방법을 고민하기 시작한다.

교 사 : 그러게. ㅁㅁ가 계속 잡고 있을 수도 없고.. 이제 해바라기가 너무 자라서 빨대로는 고정이 안 되나 봐. 앞으로 해바라기의 키가 더 크게 자랄 텐데 우리가 어떻게 해야 할까?
유아3 : 얘들아! 선생님이 해바라기 키가 더 크게 자랄 거라는데? 우리가 어떻게 해주면 될까?

유아5 : 으악! 더 크게? 어떻게 하지?
유아1 : 어.. 어! 선생님 저기 봐 봐요!
교 사 : 어디?
유아1 : 저기 밖에요. 밖에 나무 옆에 봐 봐요.
유아3 : 어! 나무 옆에! 왜?
유아1 : 아이~ 저기 나무 옆에 해바라기처럼 길쭉한 나무 있잖아.
교 사 : 아~! 저기 나무 옆에서 자라고 있는 식물을 말하는 거구나?
유아1 : 네! 우리도 저기 옆에 해바라기 심어주는 것 어때요?
유아3 : 우와~ 우리가 저기 옆에 심어주는 거야? 선생님 우리가 이거, 해바라기 심어주는 것 어때요?
교 사 : 그래. 이제 교실에서 키우기는 어려울 것 같지. 우리 해바라기를 심을 수 있는 공간을 찾아보자!

유아들은 교사와 함께 해바라기를 심을 공간을 찾아보기로 한다.
다음 날, 바깥놀이 시간에 어린이집 실외놀이터에서 놀이를 하던 기쁨반 유아들이 상추, 고추, 방울토마토 등을 심어놓은 텃밭으로 이동한다. 몇몇은 물을 주고 또 다른 몇몇은 자라난 열매들을 관찰하고 있다.

유아2 : 어? 선생님 여기 방울토마토도 키가 커서 막대기 꽂아놓은 거예요?
교 사 : 그래. OO이의 말처럼 방울토마토도 줄기는 길고 가느다란데 열매는 크고 무거워서 넘어지지 말라고 고정해준 거야.
유아2 : 오! 그럼 해바라기에도 이거 해주면 되겠다!
유아3 : 어디? 아~ 이거? 선생님 우리도 이거 해주는 거예요?
교 사 : 그래. 우리 해바라기도 옮겨 심을 때 넘어지지 말라고 해주면 되겠다~!
유아2 : 선생님 우리 여기다가 심을까요?!
교 사 : 어,, 여기는 방울토마토가 자라야 하는 곳이니까 다른 곳에 심는 것이 좋겠어. 여기는 방울토마토로 가득 차 있어서 여기에 해바라기를 심으면 방울토마토도 해바라기도 제대로 못 자랄 수 있어.
유아3 : 아이, 그러면 해바라기는 어디에 심어야 하는 거야..
교 사 : 놀이터 주변을 잘 둘러보자. 식물을 심을 수 있는 흙이 있고 햇빛이 잘 비치는 곳을 찾아보자.

1. 언제, 어디에서 놀이가 시작되었나요?
(장소와 환경, 시간, 상황-처음 또는 지난 경험과 연계된 일인지 등)
2. 영유아는 무엇으로, 어떻게 놀이했고 교사는 어떠한 반응과 지원을 했나요?
(또래아동 또는 놀잇감, 놀이방법, 상호작용, 지원내용 등)
3. 놀이를 관찰하며 무엇을 알게 되었고 어떤 의미가 있을까요?
(의도, 감정, 요구, 놀이흐름, 해석-배움 읽기 등)
4. 알게 된 내용을 바탕으로 교사의 지원방향은 어떠한가요?
(공간, 시간, 상호작용, 놀잇감, 동기부여 또는 생각을 지원하는 책략 등)

CHAPTER 12

놀이활동의 실제

놀이활동의 실제

1 놀이의 종류

1) 전통놀이

전통놀이는 옛부터 전해 내려오는 여러 가지 놀이로서 전통성, 역사성, 고유성, 지속성을 지니고 행해져 오는 놀이이다.

전통놀이를 통해 영유아들은 다음과 같은 발달이 이루어진다.

첫째, 영유아에게 즐거움을 줄 수 있다. 여러 친구와 함께 어울려 뛰고, 숨고, 밀고, 당기며 자신의 정서를 표출할 수 있다.

둘째, 영유아를 건강하게 자라게 한다. 온몸을 움직이며 몸의 균형을 유지하고 신체적으로 성장해 간다.

셋째, 영유아에게 공동체의식을 기른다. 또래들과 어울려 놀이규칙을 정하고 서로 힘을 합해 놀이를 진행시키며 협동심을 기를 수 있다.

넷째, 영유아에게 사회적 규칙을 배우게 한다. 전통놀이를 통해 경쟁, 양보, 공정성과 같은 사회적 기술과 태도를 배울 수 있다.

다섯째, 창의적인 표현능력을 기른다. 전통놀이를 통해 다양한 형태로 표현할 수 있고 창의적으로 해석할 수 있다.

| 표 12-1 | 전통놀이의 유형

전통놀이 유형	명 칭	내 용
영아를 위한 전통놀이	도리도리	성인의 '도리도리'에 맞추어 유아가 머리를 좌우로 흔드는 놀이로서 백일 전후 영아의 목운동 효과가 있는 놀이이다.
	짝짜꿍	영아가 두 손을 펴서 손바닥을 마주치는 놀이로서 눈과 손의 협응력 발달을 위한 놀이이다.
	곤지곤지	영아가 한 손의 검지를 펴고 나머지 손가락을 오므린 채 다른 손의 바닥을 두드리는 동작으로 눈과 손의 협응을 목표로 한다.
	죔죔	성인의 시범을 따라 양손의 손가락을 오므렸다 폈다 하는 놀이로서 3, 4개월~첫돌까지 영아를 위한 단독놀이이다.
	따로따로	영아를 방 모서리에 잠시 기대어 세워 두거나 방의 가운데 세워 두어 쓰러질 듯하면 잡아 주는 놀이로서 영야의 '서기'를 촉진시킨다.
	단지팔기	영아를 안아 자신의 허리 뒤에 가로 업어 자신과 같이 앞 방향을 보게 하고 "똥단지 사세요."라고 외친다. 영아의 배변의식을 자극하는 놀이이다.
대근육 운동 전통놀이	동대문을 열어라	술래가 두 손을 맞잡아 들고 동대문을 만들면 나머지 유아들이 앞사람 허리를 잡고 통과하면서 "동동 동대문을 열어라" 노래를 한다. 노래가 끝날 때 술래가 팔을 내려 유아를 가두면 그 속에 갇힌 유아가 다음 술래가 된다.
	가마타기	두 명의 유아가 서로 두 손을 엮어 가마를 만들고 그 위에 한 명의 유아를 태워 주는 놀이로서 유아의 대근육 발달과 사회성을 키워 준다.
	깨금뛰기	유아가 한쪽 다리를 옆으로 구부려 한 손으로 그 발목을 잡고 다른 발로 오래 서 있거나 뛰어다니는 놀이로 균형감각을 키워 주는 놀이이다.
	그림자 밟기	한낮에 마당에서 유아들이 상대의 그림자를 밟거나 자기 그림자가 남에게 밟히지 않도록 뛰어다니는 놀이이다.
	무궁화 꽃이 피었습니다	술래가 벽을 보고 "무궁화 꽃이 피었습니다"를 외치는 동안 나머지 유아가 조금씩 움직여 술래 쪽으로 다가가는데 이때 움직임을 들킨 유아가 술래의 손을 잡고 선다. 나머지 유아들이 조금씩 다가와 잡힌 손을 탁 쳐 주고 도망가면 술래가 뒤쫓아와 다음 술래를 잡는다.

전통놀이 유형	명 칭	내 용
소근육 운동 전통놀이	실뜨기	60cm 정도의 실을 잘라 양끝을 묶은 후 한 유아가 두 손 전체로 실을 팽팽하게 한다. 나머지 유아가 손가락으로 실을 걷어 올리거나 내리면서 새로운 모양을 만든다.
	쌀보리	두 유아가 마주 앉아 한 유아가 자신의 두 손바닥을 펴서 손목 부분을 모아 붙인 후 오므렸다 폈다 하면서 "쌀, 보리" 하고 말한다. 다른 유아는 주먹 쥔 손을 상대의 손에 넣었다 뺐다 하는데 "쌀" 하면서 오므리면 잡을 수 있으므로 재빨리 주먹을 빼야 한다.
	공기받기	작은 돌 5개를 사용하여 노는 집단놀이로 여러 가지 변형된 놀이 형태가 존재한다.
	두꺼비 집짓기	모래더미에서 유아들이 한 손을 모래에 묻고 다른 손으로 그 위를 두드리다가 모래에 넣었던 손을 살짝 빼서 구멍을 만드는 놀이이다.
	땅따먹기	땅바닥에 큰 원이나 네모를 그리고 작은 돌멩이를 구해 말로 정한다. 자기 집 안에서 출발하여 말을 세 번 튕겨서 자기 집으로 돌아온다. 세 번 만에 들어온 선을 연결하여 그 선 안의 땅이 자기 것이 된다. 말이 선 밖으로 나가거나 세 번 만에 돌아오지 못하면 다음 차례가 한다.
놀잇감이 있는 전통놀이	소꿉장난	돌, 나뭇가지 등의 자연물을 이용하여 밥 짓기, 반찬 만들기 등을 하며 엄마, 아빠, 아기 등의 역할을 흉내 내며 노는 역할놀이이다.
	수박냄새 참외냄새	풀잎을 뜯어 손바닥으로 부비면서 "수박냄새 나나 참외냄새 나나"노래를 부르며 냄새를 구별하는 놀이이다.
	풀싸움	봄철 놀이로서 풀을 뜯어 줄기를 엇갈려 잡아 당겨서 먼저 끊어지는 쪽이 지게 되는 놀이이다.
	비석치기	무릎, 팔, 겨드랑이에 납작한 돌을 끼웠다가 세워 둔 돌멩이에 떨어뜨려 쓰러뜨리는 놀이로 옛날 서민들이 양반사회의 송덕비에 대한 울분을 토로하면서 했던 놀이에서 유래되었다.
	투호	1인당 12개의 화살을 가지고 3척 거리에 있는 투호 병에 '살'을 던져 많이 꽂은 수로 승부를 결정하는 놀이이다.

전통놀이 유형	명 칭	내 용
노래가 있는 전통놀이	꽃 찾기 놀이	"우리 집에 왜 왔니, 왜 왔니, 왜 왔니?" 노래를 부르며 앞으로 나아가고 상대편은 뒷걸음으로 물러서면서 상대편 유아 중 한 명을 지목하여 가위바위보를 한다. 지는 유아가 이기는 편으로 간다.
	여우놀이	술래가 여우가 되어 원 안에 앉는다. 나머지 유아들이 '여우야 여우야 뭐하니?'를 부른다. 술래가 '죽었다' 하면 그 자리에 있고, '살았다' 하면 모두 달아난다. 술래가 잡은 유아가 다음 술래를 한다.
	이거리 저거리	유아들이 두 줄로 마주 앉아 두 다리를 교대로 끼워 앉는다. 한 명의 유아가 손으로 다리를 차례로 짚는다. 노래가 끝나는 순간 손에 짚히니 유아의 다리는 오그릴 수 있다. 먼저 두 다리를 오그리는 유아가 이긴다.
	약손	유아가 배탈이 나서 아파 칭얼댈 때, 성인이 유아의 배를 부드럽게 쓸어 주면서 부르는 노래놀이이다. "엄마손은 약손 ○○배는 똥배"
	수건 돌리기	유아들이 원으로 둘러앉아 노래를 부르는 동안에 술래가 된 유아는 원 밖에서 돌다가 한 유아의 뒤에 수건을 살짝 놓는다. 그것을 알아차린 유아가 수건을 얼른 집어들고 얼른 쫓아가 술래가 빈 자리에 앉기 전에 치는 놀이이다.
	꼬부랑 할머니	유아의 대·소변 가리기를 위해 창안된 노래놀이이다.

2) 감각 및 조작놀이

감각놀이는 영유아들이 오감각을 통해 사물과 환경을 탐색하고 사물과 사물간의 관계를 유추하거나 원인과 결과를 추정하는 기본적인 지식을 형성해 나갈 수 있도록 하는 놀이이다.

조작놀이는 게임판과 게임카드, 그림맞추기, 구슬 등과 같이 일반적으로 유아들이 책상 위에서 개별적으로 가지고 놀 수 있는 교구 및 놀잇감들과의 상호작용을 이루는 놀이이다.

| 사진 12-1 | 강냉이를 활용한 감각놀이

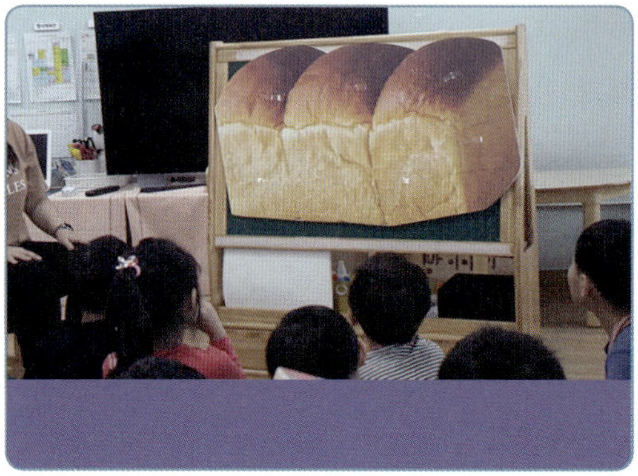

| 사진 12-2 | 식빵을 활용한 감각놀이(요리)

3) 쌓기놀이

쌓기놀이는 다양한 크기와 모양을 이용하여 입체적인 구조물을 만드는 놀이를 말한다. 영유아는 쌓기놀이를 통해 다음과 같은 발달을 도울 수 있다.

첫째, 영유아의 정서발달을 돕는다. 자신이 만든 작품을 보며 기쁨과 만족, 성취감을 느낄 수 있고, 공포, 분노, 질투심 등의 감정을 해소시킬 수 있다.

둘째, 영유아의 사회성 및 언어발달을 돕는다. 친구들과 함께 자신의 생각을 말하고 블록을 나누어 가지면서 자신의 역할 및 규칙을 배울 수 있다.

셋째, 영유아의 신체발달을 돕는다. 자신의 키보다 높은 구조물을 만들며 팔을 뻗고, 또 기어 다니며 허리, 팔, 다리 등을 사용하고 또 손과 손가락을 이용하여 대근육 및 소근육 발달을 돕는다.

넷째, 영유아의 인지발달을 돕는다. 블록의 크기와 모양을 살피고 나누며 분류 능력이 발달 하고 삼각형, 사각형, 원기둥 등과 같은 기하도형의 이름을 배운다. 구조물을 만들고 연산에 대해 익히고 자신의 구조물을 관찰 비교하며 과학적 소양을 배운다.

영유아가 블록놀이하는 과정을 다음 7단계로 설명할 수 있다(Johnson et al., 1999).

① 제 1단계: 블록을 이리저리 옮기는 단계

② 제 2단계: 구조물을 만들기 시작하는 단계

③ 제 3단계: 다리(bridge)를 만드는 단계

④ 제 4단계: 폐쇄공간을 만드는 단계

⑤ 제 5단계: 장식적 패턴이 나타나는 단계

⑥ 제 6단계: 구조물에 이름을 붙이는 단계

⑦ 제 7단계: 블록에 의한 표상이 활발한 단계

4) 역할놀이

역할놀이는 엄마, 아빠놀이, 가게놀이, 미용실놀이, 병원놀이, 소방서놀이 등 유아교육기관에서 영유아들이 역할을 흉내내는 놀이를 말한다.

교사가 유아의 역할놀이에 참여할 때 유아가 도움을 필요로 하는 경우에만 참여하는 것이 좋고, 강요하는 것은 바람직하지 못하며, 유아 스스로 설정한 놀이주제를 유지할 수 있도록 해야 한다. 또 한 가지 이상의 놀이기술을 지도하고자 하는 경우에는 너무 길게 개입하기보다는 짧게 중재역할을 하는 것이 바람직하다.

5) 물 · 모래 놀이

물 · 모래놀이는 물과 모래를 주재료로 하는 비구조적인 놀이로서 영유아가 자유롭게 자신을 표현할 수 있는 영유아가 무척 좋아하는 놀이 중에 하나이다.

영유아들은 물 · 모래놀이를 통해 첫째, 수학적 개념과 과학적 지식을 습득할 수 있고 둘째, 창의력과 문제해결력을 촉진시킨다. 셋째, 언어발달의 촉진을 도우며 넷째, 정서발달이 이루어진다. 다섯째, 사회성발달이 이루어지며 여섯째, 신체발달을 돕고 일곱째, 치료적 가치가 있다.

| 사진 12-3 | 물과 모래놀이에 몰입하는 유아들

6) 점토놀이

점토놀이는 찰흙(자연점토), 고무(고무점토), 밀가루(밀가루 점토), 지점토 등을 가지고 누르고, 밀고, 당기며 점토의 특징을 이용하여 다양한 조형물을 만드는 놀이이다.

영유아들은 점토놀이를 통해 다양한 개념을 학습하여 인지발달을 돕고, 창의성이 발달되며, 사회성 및 정서발달을 돕는다. 또한 두드리고 당기며 영유아들의 소근육발달을 도울 수 있다.

7) 게임놀이

게임놀이는 2명이상의 영유아가 규칙과 경쟁을 하는 놀이이다. 게임놀이는 규칙과 경쟁이 있으므로 영아보다는 유아에게 적합한 놀이이다. 게임놀이로는 숨바꼭질, 판게임놀이, 윷놀이 등 2명 이상으로 구성되는 모든 놀이가 이에 포함된다.

게임의 종류는 다음과 같다.

(1) 원게임

원게임은 유아들이 둥글게 앉아서 진행되는 게임이다. 원게임을 통해 집단에 대한 소속감과 규칙을 이해하는 경험을 할 수 있다. 승패를 가리지 않아 유아들이 성취감을 느끼며 자신감을 형성할 수 있는 것이 원게임의 특징이다. 학기초에 실시하며 처음에는 규칙이 단순한 것으로부터 시작하는 것이 바람직하다.

(2) 자유대형게임

자유대형게임은 넓은 공간에서 자유롭게 서서 진행되는 게임이다. 게임이 시작되기 전에 앉은 상태에서 게임의 규칙이나 방법에 대해 이야기 나눈 후 활동을 진행하는 것이 바람직하다. 자유대형게임에는 짝짓기, 모양찾기, 신체마주대기 등이 있다.

(3) 개별 편게임

편게임은 두 팀으로 나누어 게임을 하는 것으로 원게임이나 자유대형게임에 비해 게임에 필요한 지시와 규칙이 많은 편이다. 두 팀으로 나누어 각 팀에서 한 명씩 나와 게임을 한 후 매번 승패를 정하는 것이다. 개별 편게임은 릴레이 편게임보다는 천천히 진행되며 규칙이 비교적 단순하다.

(4) 릴레이 편게임

유아들을 두 편으로 나누어 각 편에서 한 명씩 출발하기는 하나 다음 유아가 출발선에서 미리 대기했다가 연속적으로 출발하는 게임이다. 릴레이 편게임은 규칙이 다소 복잡하고 경쟁적인 면이 있어 연령이 높은 유아들이 즐기는 게임이다.

8) 조형놀이

조형놀이는 영유아들이 그리고, 찢고, 칠하고, 자르기도 하고, 붙이기도 하는 미술활동을 통해 이루어지는 놀이를 말한다.

조형놀이 시 바람직한 교사의 역할은 유아들에게 제공할 자료를 계획적으로 수집하여 제시해야 한다. 또 유아에게 제공할 적절한 수준의 자료 내용을 선정할 수 있어야 한다. 유아의 작품을 전시할 경우에 감상을 즐기고 싶은 느낌이 들 수 있도록 유아의 눈높이에 맞게 시각적으로 배경이나 작품이 돋보이도록 고려하여 환경을 구성할 수 있어야 한다.

| 사진 12-4 | 여러 가지 꾸미기 재료를 활용한 가면 만들기

| 사진 12-5 | 글자를 예쁘게 꾸며볼까요

9) 신체놀이

신체놀이는 영유아들이 자신의 신체를 이용하여 놀이하는 모든 활동으로 설명할 수 있다. 영유아들의 신체놀이는 신체사용에 대한 자신감, 성취감, 그리고 한계점을 인식시켜 주는 적극적인 놀이이다. 영유아들은 신체놀이를 통해 기본운동능력 및 응용동작능력의 심화뿐만 아니라 일상생활 속에서 자신의 신체를 사용하여 다양하게 표현하는 창의적, 인지적 활동을 배울 수 있다.

10) 실외놀이

실외놀이는 영유아들이 교실 밖에서 이루어지는 활동으로 달리기, 뛰어오르기, 기어오르기, 던지기 등의 교실 내에서는 이루어지기 어려운 동적인 활동들이 이루어질 수 있는 놀이이다.

영유아들의 전인적인 성장을 위해 실외놀이는 다음과 같은 기능을 할 수 있다(Theemes, 1999).

① 여러 가지 신체활동을 자유롭게 해 볼 수 있다.

② 다양하고 풍부한 감각 경험을 제공한다.

③ 자연학습의 기회를 제공한다.

④ 다양한 사회관계를 맺게 해 준다.

⑤ 휴식을 제공한다.

⑥ 즐거움을 준다.

2 놀이의 실제

1) 투호놀이

• 놀이목표

1. 집중력을 기르고, 눈과 손의 협응력을 기른다.
2. 거리감과 힘 조절 하는 것을 배울 수 있다.
3. 들어간 화살의 개수를 세어보며 수 개념을 기른다.
4. 같은 팀을 응원하며 협동능력을 키운다.
5. 전통놀이에 대해 이해한다.

• 준비물: 전통놀이 그림판, 호루라기, 통 2개, 화살 (1인당 2개)

• 놀이방법

1. 배웠던 전통놀이 방법에 대해 이야기를 나눈다.
2. 투호놀이에 필요한 재료들에 대해 수수께끼를 통해 알아본다.
   - '나는 끝이 뾰족해요'
   - '나의 몸은 날씬하고 꽤 길어요'
   - '사람들은 나를 집어서 던지지요'
   - '나는 누구일까요?' 나는 화살입니다.
   - '나는 몸이 뚱뚱해요'
   - '동그랗고, 위에가 뻥! 뚫려있어요'
   - '사람들은 화살을 던져서 나에게 집어넣어주지요'

- '나는 누구일까요?' 나는 화살통입니다.

3. 놀이규칙 및 주의할 점을 알려준다.
4. 출발선을 알려주고 출발선에서 화살을 던질 수 있도록 한다.
5. 투호놀이를 시작한다.
6. 팀을 나누어 놀이를 해본다.

• 참고사항

1. 통의 위치를 다르게 하고 한발로 서서 던져 보도록 한다.
2. 코끼리 코를 쥐고 제자리에서 3~5바퀴 돈 뒤 하나, 둘, 셋을 센 다음 화살을 던져 볼 수도 있다.
3. 투호를 직접 만들어 놀이할 수도 있다.

2) 무엇인지 맞추어 보기: 감각놀이

• 놀이목표

1. 다양한 사물을 비밀상자에 담아 촉감과 모양만으로 느끼게 하여 사물의 특징을 알아본다.
2. 같은 촉감 다른 모양의 사물을 넣어 사물의 쓰임새와 용도를 이해한다.
3. 나이가 어린 아기들에게는 많은 호기심과 풍부한 자극의 경험을 할 수 있게 한다.

손을 넣어 무엇인지 맞추어보세요

- 준비물: 손가락 인형, 비밀상자, 표면의 느낌이 같고 모양이 다른 도형 3개, 표면에 쌀을 붙인 사물 2개, 표면에 콩을 붙인 사물 2개, 조약돌 2개

- 놀이방법

1. 출석을 부르며 아이들의 얼굴을 확인한다.
2. 비밀상자에 준비한 사물을 모두 넣는다.
3. 한 명씩 비밀상자에 손을 넣어 사물을 느껴 보게 하고 그 사물의 느낌을 말하게 한다.
   - 어떤 느낌이 드니?
   - 이 물건은 또 어떤 느낌인지 말해 줄 수 있니?
4. 아이에게 사물을 꺼내고 어디에 쓰는 사물인지 물어 보고 아이들에게도 의견을 들어 본다.
   - 이것은 언제 쓰는 물건일까?
5. 아이들은 제각각 자신의 의견과 다른 사람의 의견을 비추어 본다.
6. 감촉은 동일하나 모양이 다른 사물을 상자에 넣고 한 명씩 선택하게 하고 그 사물이 어떻게 쓰이는지 이야기 나눈다.
7. 우리 주위에는 여러 가지 모양이 숨어 있으며 우리 생활에는 여러 가지 도형이 있음을 이야기해 준다.

- 참고사항

활동재료의 재질과 다양한 쓰임새를 이야기하며 우리가 생각하지 못한 곳에 다양한 활동재료가 있음을 알려 준다. 생활 주변의 다양한 사물과 물체를 가지고 놀이를 할 수 있다.

3) 블록으로 만들기

• 놀이목표

1. 블록을 끼고 빼며 손과 눈의 협응력을 키운다.
2. 공간개념과 입체 구성력을 증진 시킬 수 있다.
3. 만든 완성품을 가지고 다양한 놀이를 할 수 있다.
4. 상상력과 창의적 표현을 기른다.

• 준비물: 다양한 끼우기 블록, 블록을 이용한 다양한 완성품 모양책

• 놀이방법

1. 블록을 가지고 만들 수 있는 다양한 물건 또는 사물에 대해 이야기 나눈다.
2. 블록을 이용하여 만든 다양한 완성품 모양책을 보여주며 어떻게 만들 수 있을지 의논해 본다.
3. 만든 물건을 가지고 어떤 놀이를 할 수 있는지 이야기 나눈다.

• 참고사항

1. 완성한 블록작품을 사진 찍어 주어 성취감을 느끼도록 한다.
2. 찍은 사진을 기초로 하여 또 다른 작품으로 연결할 수 있도록 한다.

4) 병원놀이

• 놀이목표

1. 병의 종류에 따라 가야 하는 병원에 대해 안다.
2. 약국에서 하는 일에 대해 안다.
3. 의사, 간호사, 약사가 하는 일에 대해 안다.
4. 병원에 가서 접수하기와 진료를 받고, 약 처방을 받을 수 있다.
5. 친구들과 협력하여 역할극 놀이에 참여할 수 있다.

• 준비물: 1. 병원 : 병원 간판, 팻말, 건강보험증, 진료순서표, 진료작성카드, 처방전, 필기구, 의사 · 간호사 · 약사 가운 혹은 명찰, 반사경, 모자, X-ray판, 시력검사표, 수저, 청진기, 혈압계, 체온계, 주사기, 붕대, 연고

2. 약국 : 사탕, 초콜릿, 주스, 비타민C, 약통, 약그릇, 약봉지

• 놀이방법

1. 병원에 가본 경험을 이야기한다.
   - 아파서 어린이집에 오지 못했던 적이 있었니?
   - 얼마나 어떻게 아팠니?
2. 〈병원놀이〉 동요 부르기를 한다.

   "여보세요 여보세요 배가 아파요.
   배아프고 열이 나니 어떡할까요.
   어느 어느 병원에 가야 할까요?
   여보세요, 여보세요, 나는 의사요
   배 아프고 열이 나면 빨리 오세요,
   여기는 소아과 병원입니다"
3. 아픈 곳에 따라 가야 하는 병원이 다르다는 것에 대해 이야기한다.

4. 병원놀이에 필요한 준비물을 소개한다.
5. 병원놀이가 끝난 후 재미있었던 일, 불편했던 점에 대해 이야기한다.
6. 병원은 무서운 곳이 아니며 아픈 곳을 치료하고 예방해 주는 곳임을 설명하며 마무리한다.

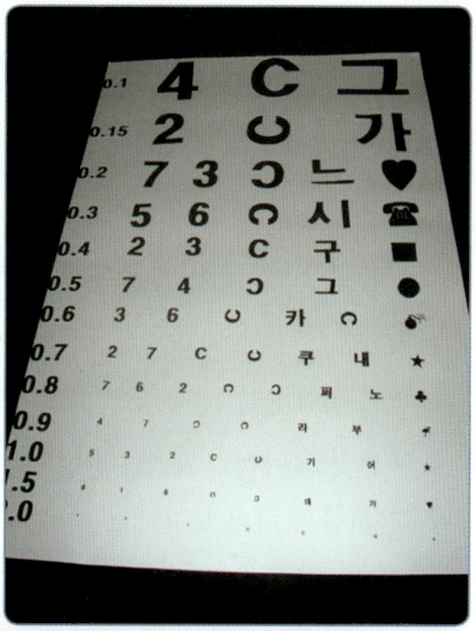

• 참고사항

시범 병원놀이 역할극을 해 볼 수 있다.

5) 물풍선 놀이

• 놀이목표

1. 힘의 세기에 대해 배울 수 있고 힘 조절을 할 수 있다.
2. 몸의 균형감각을 익힐 수 있다.

• 준비물: 물풍선, 물, 바구니

• 놀이방법

1. 물풍선 목표대를 세운다.
2. 물풍선을 수도꼭지에 꽂아 물을 담은 후 매듭을 지어 물풍선을 만든다.
3. 물풍선 목표대에 들어갈 유아를 정한다.
4. 만든 물풍선을 모아 놓고 3m 정도 앞에 목표대를 놓는다.
5. 물풍선을 터지지 않게 하여 바구니 안에 넣는다.
6. 한 사람씩 나와 목표대를 향해 물풍선을 던진다.

• 참고사항

야외에서 실시한다. 여름캠프에 활용하면 좋다. 던지는 요령이나 물이 옷에 묻을 수 있는 사항에 대해 먼저 이야기를 하여 당황해하지 않도록 한다.

6) 점토로 꾸미기

• 놀이목표

1. 점토를 이용하여 내 모습을 표현해 본다.
2. 점토놀이를 통해 소근육 운동을 한다.
3. 점토놀이를 동해 색 배합을 알게 한다.

• 준비물: 색깔 점토, 빵칼 및 밀대, 모양틀, 거울

• 놀이방법

1. 오물조물 박수 치기를 한다(점토놀이를 위한 손 풀기를 한다).
2. 〈사과 같은 내 얼굴〉 노래를 부른다.
   "사과 같은 내 얼굴 예쁘기도 하지요 눈도 반짝 코도 반짝 입도 반짝반짝
   호박 같은 내 얼굴 둥글기도 하지요 눈도 둥글 코도 둥글 입도 둥글둥글
   오이 같은 내 얼굴 길기도 하지요 눈도 길쭉 코도 길쭉 입도 길쭉길쭉"
3. 교사가 거울을 보여 주고 자신의 얼굴을 보게 한 후 이야기하게 한다.
   - 나는 어떻게 생겼니?

- 친구하고 어떻게 다르게 생겼니?

4. 점토를 나눠 주고 만져 보고 촉감을 이야기하게 한다.
   - 느낌이 어떠니?
5. 색깔을 배합한 후 색깔의 변화를 이야기하게 한다.
   - 어떤 색깔로 변했니?
6. 점토를 모양틀에 넣어 모양을 만들어 보고 모양을 이야기하게 한다.
7. 점토로 내 모습을 꾸며 보게 한다(점토로 얼굴을 꾸미고 손과 발 및 내 몸을 꾸미게 한다).
8. 다 꾸민 내 모습과 친구들의 모습을 보고 느낌에 대해 이야기하게 한다.
9. 작품이 잘 마르도록 보관하고 마무리한다.

7) 공 위로 던지기

• 놀이목표

1. 규칙을 지켜 활동할 수 있다.
2. 신체의 균형감각을 증진시킨다.
3. 친구들과의 협동력을 기른다.

• 준비물: 큰 공, 작은 공

• 놀이방법

1. 큰 공과 작은 공을 보면서 게임방법을 생각해 본다.
   - 공을 떨어뜨리지 않고 운반할 수 있는 방법은 무엇일까?
   - 공이 땅에 떨어지지 않도록 하려면 어떻게 움직여야 할까?
2. 두 팀으로 나누고 각 팀의 인원이 같도록 한다.
3. 작은 공을 유아들의 머리 위로 올린 후 꼭 잡고 뒤의 유아에게 전달하도록 한다.
4. 각 팀의 마지막에 서 있는 유아에게까지 공이 오면 마지막 유아는 공을 가지고 뛰어

앞으로 와서 교사에게 공을 전달한다.

5. 먼저 도착하는 팀이 이긴다.
6. 작은 공으로 잘 이루어지면 큰 공을 가지고 같은 방법으로 놀이를 계속한다.

• 참고사항

대근육실 또는 실외에서 이루어질 때 더 동적인 놀이가 될 수 있다.

8) 바퀴무늬 찍기 놀이

• 놀이목표

1. 여러 가지 차의 바퀴 모양을 탐색하는 경험을 갖는다.
2. 바퀴 무늬를 따라 그려지는 선의 모양에 대해 관심을 가질 수 있다.
3. 조형활동을 통해 심미감을 경험한다.

• 준비물: 다양한 종류의 장난감 자동차, 전지, 물감도구, 자동차에 관련된 책 · 사진 · 화보 · 비디오 등의 자료, 크레파스, 유성 매직 등

• 놀이방법

1. 자동차의 모양과 하는 일에 대해 이야기 나눈다.

2. 자동차의 움직이는 원리(바퀴의 원리)에 대해 이야기 나눈다.
3. 바퀴를 돌려 보며 바퀴 무늬를 관찰한다.
4. 여러 종류의 장난감 자동차 바퀴에 물감을 칠한다.
5. 전지 위에 물감을 칠한 자동차들을 굴려 보며 여러 가지 모양을 만들어 본다.
6. 전지에 그려진 모양에서 연상되는 것을 유성 매직이나 크레파스로 더 꾸민다.
7. 완성품을 보면서 바퀴의 모양, 굵기에 따라 색상이 혼합되고 변화되는 과정에 대해 이야기 나눈다.

9) 낙하산 놀이

• 놀이목표

협동하여 함께 동작하는 경험을 갖는다.

• 준비물: 낙하산 천

• 놀이방법

1. 낙하산을 본 경험과 낙하산이 어떤 역할을 하는지 이야기 나눈다.
2. 낙하산 천을 보여 주고 낙하산 놀이 방법을 이야기한다.
3. 낙하산의 끝을 잡고 교사의 지시에 따라 움직이도록 한다.

- 낙하산 끝을 모두 잡아 보기
- 낙하산 위아래로 흔들어 보기
- 낙하산 흔들어 올린 후 밑으로 들어가기
- 낙하산 위로 올라가기

4. 낙하산 놀이 후 아이들에게 다른 방법으로 놀이할 수 있는 것에 대해 이야기 나눈다.
5. 낙하산 놀이 후 놀이의 느낌에 대해서도 이야기 나눈다.

• 참고사항

낙하산 천 중간 중간에 성인(보조교사)들이 함께 있으면 활동이 훨씬 신나고 재미있으며 안전하다.

10) 종이 눈 뿌리기

• 놀이목표

1. 대근육과 소근육을 발달시킨다.
2. 부정적인 내적 욕구를 분출할 수 있다.
3. 즐거움을 경험한다.

• 준비물: 영유아들이 함께 올라 탈 수 있는 큰 보자기, 한지를 이용한 종이눈

• 놀이방법

1. 유아들은 대근육실 가장자리에 모두 앉는다.
2. 교사는 큰 보자기를 중앙에 놓는다.
3. 모두 큰 배에 타는 마음으로 교사가 지목하는 유아만 한 사람씩 배에 오른다.
4. 모든 유아가 배에 오르면 교사는 출발 신호를 보내고 모두 선장이 되어 배를 운전하는 흉내를 낸다.
5. 눈이 올 때의 풍경에 대해 이야기한다.
6. 교사는 하늘에서 눈이 내리는 것처럼 종이눈을 여러 차례 유아들을 향해 뿌린다.
7. 종이눈이 많이 뿌려지면 영유아들 스스로 그 눈을 위로 뿌려보며 눈이 내리는 모습을 흉내 내 본다.
8. 놀이 후 느낌에 대해 이야기 나누는 시간을 갖는다.

• 참고사항

유아들의 폭발적인 반응이 있을 수 있으므로 안전사고에 대한 주의를 준다.

참고문헌

강현경, 김성숙, 김정희(2021). **아동관찰 및 행동연구**. 학지사.

강현아, 정혜영(2023). 유아교사의 놀이기록 여정탐구. **교사교육연구, 62**(4).

교육부(2019a). 2019 개정 누리과정 해설서.

교육부(2019b). 유치원교육과정.

교육부(2020a). 2019 개정누리과정운영지원, 관찰에 기반한 유아놀이지원.

교육부(2020b). 놀이실행자료.

교육부(2025a). 2024 개정 표준보육과정.

교육부(2025b). 2024 개정 표준보육과정(0~2세) 해설서.

교육부, 보건복지부(2019). **「2019 개정누리과정」 놀이이해자료**. 교육부, 보건복지부.

권은주(2022). 영유아놀이 관찰기록과 공유를 통한 보육교사와 부모의 변화 및 경험. 대구한의대학교 박사논문. pp.124-129.

김경숙, 강은영(2020). 영유아 관찰 및 행동연구의 수업개선을 통한 예비유아교사의 관찰역량 변화 탐색. **한국유아교육연구, 22**(4).

김경철, 이민영(2023). 유아교사의 놀이교수효능감, 놀이지원역량, 교사-유아 상호작용간의 구조적 관계 분석. **한국어린이미디어학회, 22**(1).

김미정, 정가윤(2023). 놀이중심 교육과정을 실천하는 영유아교사의 관찰기록 탐색. **영유아교육과정연구, 13**(3).

김수희(2024). YDP유보통합전문가과정 강의자료.

김영옥 외(2017). **유아놀이지도**. 양서원.

김이영 외(2015). **아동관찰 및 행동연구**. 정민사.

박보영(2022). 놀이기록-기계로 감각하다. 숙명여자대학교 대학원 박사학위논문.

보건복지부(2020). 제4차 어린이집표준보육과정 해설서.

서울시교육청(2023). 2024년 유치원 신학기 도움자료(관찰 및 평가 세심하게 바라보기).

성원경 외(2020). 교사를 위한 놀이지원 연수자료. 교육부.

신지연 외(2021). **놀이지도**. 신정.

양수영(2023). 유아교사의 놀이기록 수행 실태. **어린이문학교육연구, 24**(2).

영등포구육아종합지원센터(2023a). YDP 놀이공모전 수상작.

영등포구육아종합지원센터(2023b). 영유아의 놀이환경 강의자료 6월19일.

울산광역시교육청(2024). 2023 유아놀이중심 수업실천 사례.

이경화 외(2019). **놀이지도**. 양서원.

이경화 외(2020). **영유아놀이지도**. 양서원.

이선영(2019). **유아발달과 놀이**. 창지사.

이진희(2021). 유아놀이에서 물질과 의미의 얽힘 관찰하기. **한국어린이교육문화비평학회, 11**(2)

이진희(2023). 놀이관찰과 기록. 중앙육아종합지원센터 교육자료.

최혜윤(2018). 일상적 평가를 반영한 부모보고서의 작성 및 활용에 관한 사례연구. 이화여자 대학교 대학원 석사학위논문.

최혜윤(2021). 놀이중심 교육과정에서의 관찰과 평가. 교육자료.

Berlyne, D. E.(1960). *Conflict, arousal and curiosity*. New York: McGraw Hill. & E. Aronson(Vol.3). Reading, MA: Addison Wesley.

Berlyne, D.(1960). *Conflict, arousal and auriosity*. NY: McGraw-Hill.

Bredekamp, S., & Copple, C. (Eds.). (1997). *Developmentally Appropriate Practice in Early Childhood Programs*. NAEYC.

Bronson, M. B.(1995). *The right stuff for children birth to 8: Selecting play materials to support development*. NAEYC.

David, B.(1994). Play, the playground and the culture of childhood. In J. R. Moles (Eds.), *The excellence of play*. Open Univ. Press.

Ellis, M.(1973). *Why people play*. Englewood Cliffs, NJ: Prentice-Hall.

Forman, G, E. & Hill, F. (1984). *Constructive play: applying Piaget in the pres school.* CA: Addison-Wesley.

Frost, J. L., Brown, P., Sutterby, J. A., & Thornton, C. D.(1999). *The developmental benefits of playgrounds*. MD: ACEI.

Frost, J.(1976). *Revisiting early childhood education*. NY: Holt, Rinehart and Winston.

Hartup, W. W.(1983). Peer relation. In E. M. Hetherington(Ed.), P. H. Mussen(Series Ed.), *Handbook of child psychology: Vol.4. Socialization, personality and social development*. New York: Wiley, pp.103-196.

Hendrick, J.(2003). *Total learning: Developmental curriculum for the young child*. NJ: Merrill Prentice Hall.

Hight, W., & Miller, P. J.(1992). The development of everyday pretend play: A longitudinal study of mother's participation. *Merrill-Palmer Quarterly, 38*, 331-341.

Howes, C., & Matheson, C.(1992). Sequences in the development of competent play with peers: Social and social pretend play. *Developmental Psychology, 28*, 961-974.

Hughes, F. P.(1995). *Children. pay and development*. Boston: Allyn and Bacon.

Johnson, J. E. Christie, J. F., & Yawkey, T. D.(1999). *Play and early childhood development*. Addison Wesley Longman, Inc.

Judith A. Schickedanz 저, 이영자(1995). **읽기와 쓰기를 즐기는 어린이로 기르는 방법: 유아의 읽기와 쓰기 기초단계 이해**. 이화여자대학교 출판부.

Kosteknik, M. J.(1997). *Guilding children's social development*(3rd ed.). New York: Delmar Publisher Inc.

Kritchevsky, S., Prescott, E., & Walling, L.(1997). *Planning environments for young children: Physical space*. Washington, DC: National Association for the Education of Young Children.

Levin, D. E.(1998). *Remote control children? Combating the hazards of media culture*. Washington, DC: NAEYC.

Moyer, G. D.(1995). Motor behavior of kindergartners during physical education and free play. In J. L. Frost, R. S. Sunderlin(Eds.), *When children play* (pp.145-150). Wheaton, MD: Association for Childhood Education International.

Olsson, L. M.(2017). **들뢰즈와 가타리를 통해 유아교육 읽기: 운동과 실험**. (이영선, 이경화, 손유진, 김영연 공역). 살림터.

Piaget, J.(1962). *Play, Dreams and Imitation in Childhood*. W. W. Norton & Company.

Slade, A.(1994). *Children at play*. New York: Oxford University Press.

Spodek, B.(1991). **유아교육학개론**. 서울대 소비자아동학과(공역). 양서원. (원저는 1987년에 출판)

Theemes, T.(1999). *Let's go outside! Designing the early childhood playground*. Ypsilanti, MI: High/Scope Press.

Wortham, S. C.(2002). *Early childhood curriculum: Developmental bases for learning and teaching*. OH: Merrill.

Wortham, S. S.(2002). *Early childhood education* (3rd ed.). Upper Saddle River, NJ: Merrill Prentice Hall.

찾아보기

저자소개

김수희

명지대학교 일반대학원 아동학박사

성결대학교 사범대학 유아교육과 조교수

전) 육영재단 어린이회관유치원 원장

박현정

국민대학교 일반대학교 교육학 박사

명지대학교 교육대학원 아동교육상담 주임교수

명지대학교 아동교육상담연구센터 센터장

영유아 놀이지도

1판 1쇄 인쇄 2025년 9월 1일
1판 1쇄 발행 2025년 9월 5일

지 은 이 | 김수희 · 박현정
발 행 인 | 박철용
발 행 처 | 양서원
주 소 | 경기도 파주시 직지길 522 파주출판도시
전 화 | 031-955-8000(代)
팩 스 | 031-955-8005
홈페이지 | www.yswpub.co.kr
이 메 일 | yswgroup@naver.com
출판등록 | 1987년 11월 24일 제406-2003-037호

ISBN 978-89-994-1593-7

정가 22,000원

※ 저자와 협의하여 인지는 생략합니다.